CONCORSO 2024

CONSIGLI PER L'ORALE

A028
e altri CDC delle scuole superiori

DOCENTI STEM
con la collaborazione di Luca Prof!

Codice ISBN 9798320451893

Prima edizione 26 maggio 2022
Aggiunta di allegato FAQ a fine libro del 26 giugno 2022

AGGIORNAMENTO CONCORSO 2024 del 21 marzo 2024

INDICE

PREMESSA

Buongiorno colleghi, e complimenti per aver superato lo scritto del concorso. Cercheremo con questo manuale di darvi consigli il più possibile chiari e diretti su come affrontare questo grande appuntamento della prova orale, che visto l'elevato numero di colleghi ammessi (stimati in oltre 200.000 alla secondaria) diventa questa volta più che in passato un appuntamento decisivo.

Questa guida nasce sulla base del successo del manuale del 2022, e lo aggiorna in base alle novità del concorso attuale, arricchendolo di contenuti e cercando di parlare a colleghi anche di altre classi di concorso delle scuole secondarie, per quanto il focus principale resta sulla materia che meglio conosciamo: matematica e scienze alla secondaria I grado.

Il primo manuale aveva avuto l'intento di aiutare i candidati che avevano passato lo scritto dei concorsi scuola STEM (in particolar modo nella cdc A028) ad affrontare la prova orale. Molti colleghi, anche di altre materie, avevano trovato utili i consigli in esso contenuti, e con piacere ci hanno scritto che è stato importante per il loro successo al concorso.

Le valutazioni su Amazon sono infatti piuttosto positive, al momento in cui scriviamo la votazione media è di 4.2 su 5 basata su 33 recensioni, ne riportiamo alcune, magari le avete già lette per acquistare il prodotto:

Libricino molto utile e soprattutto scritto da persone che capiscono cosa vuol dire fare un concorso su materia. Attenzione! Non è un libro di preparazione teorica ma offre tutti quei suggerimenti per prepararsi al meglio prima di sostenere l'esame orale per il concorso

Semplice e chiaro, il manuale è un valido aiuto per impostare lo studio e la struttura della prova pratica e il colloquio.

Libro snello e veloce da leggere, con diversi consigli e spunti da cui attingere per prepararsi alla prova orale. Consigliato.

E poi il commento che più ci ha colpiti:

Grazie mille davvero per questo libricino utilissimo e mi ha dato degli ottimi consigli! Un aiuto come se qualcuno mi prendesse per mano in un momento difficile!

I (per fortuna pochi) colleghi che non sono rimasti soddisfatti hanno lamentato la presenza di refusi di cui ci scusiamo: ci ritroviamo a pubblicare di fretta per arrivare il prima possibile in stampa. Ma sui contenuti il controllo è rigoroso. Altro parere negativo è legato al fraintendimento su cosa questo manuale contenga, e ci permette di fare chiarezza. Questo piccolo manuale, ridotto nelle pagine ma ci darete atto anche nel prezzo, non può prendere in disamina tutte le materie e lezioni simulati che potrebbero essere richieste, e fornire esempi pratici di presentazione. Anche solo per l'A28 non basterebbero tomi da 2000 pagine per approfondire tutto ciò che chiede l'allegato A!

Questa che state leggendo, così come la sua prima versione, è una guida con consigli molto pratici e diretti per arrivare preparati al meglio a questo appuntamento. E' una lettura che a nostro avviso dovrebbe precedere lo studio, per darvi consapevolezza di ciò che state per affrontare. Non troverete qui discussioni sulle metodologie didattiche o pedagogiche, o sulla legislazione scolastica, ci sono manuali appositi per quello.

Abbiamo cercato invece di fornire dei consigli molto concreti, che difficilmente trovate altrove, realizzati anche sulla base del contributo di docenti che hanno superato i passati concorsi STEM A028 con ottimi risultati. Vedremo quindi come prepararsi al meglio per la prova, come realizzare una presentazione efficace e come esporla al meglio alla commissione, quale differenza potrebbe esserci tra UDA e lezione simulata. Cercheremo di fornire indicazioni sul materiale utile per lo studio, compresi contributi gratuiti sul web. C'è poi un capitolo sulla prova pratica per le classi di concorso dove è richiesta.

Questo manuale, con continui riferimenti al bando ufficiale, vuole mettervi anche in salvo dalle informazioni errate che circolano (e purtroppo sul web se ne trovano tante!), e puntare alla vostra consapevolezza. In passato tanti colleghi hanno trovato questo primo aiuto decisivo per il loro risultato finale, e speriamo valga altrettanto per voi. Noi tutti crediamo (e ovviamente speriamo) che possiate trovare tra queste pagine utili consigli per raggiungere il traguardo tanto ambito!

Docenti STEM

PREFAZIONE
(a cura di Luca prof!)

Buongiorno a tutti colleghi! Colgo l'occasione che mi è stata data dai "docenti STEM" per fare i migliori auguri a tutti coloro che si stanno preparando, nelle varie regioni d'Italia, ad affrontare l'orale del concorso, tappa fondamentale per giungere finalmente all'ambito posto di ruolo (o per acquisire i 12 crediti in graduatorie interne da concorso ordinario).

Purtroppo, quello del 2024 non è concorso abilitante, cosa che ritengo poco corretta: richiedere uno sforzo tale ai docenti che può rivelarsi poi inutile se non si rientra nei posti assegnati.

Gli scritti stanno poi vedendo una percentuale di ammessi all'orale veramente elevata, anche superiore al 90% in alcune regioni, passando da un eccesso all'altro (promozioni minori dei posti a bando in passato, un esercito di ammessi per pochi posti adesso!).

Per chi necessita dei 12 crediti per le graduatorie interne tutto bene, per chi invece ambisce al posto in ruolo è una doccia gelata: il tempo per esultare per lo scritto e già ci si rende conto che tutto si giocherà all'orale, magari costretti a rincorrere in base al punteggio conseguito o alla mancanza di titoli.

In ogni caso bisogna trovare la forza di credere in voi stessi e non demotivarvi: siete in ballo e bisogna ballare, cercare di mettersi alle spalle ansie e rabbia e puntare con determinazione all'orale, consapevoli che sarà dura ma non impossibile, e che grazie al PNRR nuovi concorsi sono all'orizzonte: il vostro concorso è un treno importante, ma non l'ultimo che passerà!

Da parte mia ho accettato di continuare la collaborazione con i docenti STEM per aggiornare il primo manuale, cercando di dare ancora il mio contributo per aiutarvi, aggiungendo anche un esempio di relazione pratica scritta. Anche se questo concorso è diverso da quello che ho svolto io, ritengo con convinzione che i consigli forniti in passato restino sempre validi e mi auguro preziosi, in questo libro ho cercato di ripensarli in base alle novità dell'orale 2024 rispetto al passato.

Scusandomi per la pubblicità che mi faccio (ma convinto che possa essere nel vostro interesse), vi invito a cercare sul mio canale LUCAPROF! la playlist dedicata alla preparazione orale A028, dove in particolare condivido la mia presentazione di UdA (voto 98) con strategie e consigli per realizzarla al meglio, oltre che la simulazione vera e propria del mio orale, come se fossi davanti alla commissione, e la presentazione del collega e amico Andrea, primo classificato in Piemonte nel mio anno (voto 100). Credo che la visione di queste prove, unita alle informazioni che trovate su questo manuale, possano aiutarvi a ad avere un corretto approccio all'impostazione della vostra.
A noi veniva chiesta una Attività Didattica e a voi una Lezione Simulata: è un tema controverso che cerchiamo nel manuale di approfondire, anche se fino a quando non si comincerà con gli orali nessuno avrà certezza di cosa la commissione richieda esattamente come "lezione simulata". Sarà molto probabile che ogni commissione, in ogni regione, avrà delle richieste un pochino diverse, o prediligerà aspetti differenti. In ogni caso, capire come si struttura un'UDA è fondamentale. Come ripeteremo spesso è poi davvero importante, se potete, assistere a orali della vostra commissione, o almeno farvi raccontare qualcosa. Non avrei mai raggiunto un punteggio così alto se non avessi studiato a fondo i miei commissari.

Riporto quindi in allegato a questo manuale le slide e le strategie adottate per realizzare la mia UDA, convinto sia uno strumento utile da cui partire, e vi invito a cercare sul mio profilo Facebook tutte le schede a colori, e su Youtube la video simulazione. Potete sfruttare poi il mio canale per rivolgermi, nei commenti pubblici ai video, le vostre domande, dubbi, perplessità e richieste. Cercherò di rispondere sempre a tutti e in breve tempo. Vi chiedo invece scusa, siete tantissimi a chiedermelo, non fornisco aiuti privati. Non potrei esaudire tutte le richieste e mi sembra corretto dare a tutti i colleghi lo stesso tipo di supporto, pubblicamente.

In questo manuale ho cercato di riprendere e approfondire alcuni aspetti accennati nei video, in modo da fornirvi ulteriori strumenti e spunti di riflessione, partendo sempre dal presupposto che ognuno di voi ha il suo modo, unico e speciale, di essere docente, così come ogni commissione avrà il suo metro di giudizio (nonostante griglie di valutazione definite a livello nazionale, al momento in cui scrivo non ancora pubblicate). Dovrete quindi soppesare ogni suggerimento con spirito critico, per capire se può adattarsi a voi e al vostro contesto, cercando di ottenere più informazioni possibili sulla vostra commissione. Dovete poi tenere in conto bene di cosa vi chiede questo concorso. Vi esorto a essere molto attenti a cosa è scritto nel bando, e nei suoi allegati A e B (per quanto qui ne riportiamo molti aspetti, tutti quelli a nostro avviso essenziali). Vi invito ad accogliere con spirito critico la valanga di informazioni e suggerimenti che troverete su internet, che sentirete da vostri colleghi: fate sempre riferimento alle fonti ufficiali! Leggiamo davvero di troppa confusione tra colleghi.

Ciò detto, mi auguro che questi contributi piuttosto pragmatici possano esservi d'aiuto, e che possiate voi stessi un giorno - da docenti di ruolo - contribuire ad aiutare nuovi colleghi, in uno spirito collaborativo di cui la scuola ha sempre bisogno!

Luca Prof!

1 – CONCORSO, CONSIDERAZIONI GENERALI

Iniziamo questo manuale con qualche considerazione generale sul concorso: questo è l'unico capitolo più discorsivo e ve lo dichiariamo apertamente: se volete entrare direttamente nel vivo della preparazione dell'orale, potete passare tranquillamente al capitolo successivo.

A distanza di due anni ci troviamo a parlare di un concorso in termini totalmente differenti da quelli usati in precedenza.

Due anni fa restavamo sbigottiti da come il sistema sembrasse accanirsi contro i docenti con prove scritte a crocette di difficoltà molto elevata (soprattutto per certe materie STEM che conosciamo meglio), con la decisione incomprensibile di affrontare complessi problemi di matematica o fisica senza nemmeno l'ausilio di carta e penna! Il perché non era dato sapersi, e si era giunti alla paradossale situazione di ammessi all'orale in numero decisamente minore ai posti assegnabili, e non certo a causa della scarsa preparazione dei docenti!

Mentre vi scriviamo, invece, leggiamo commenti entusiasti dei nostri colleghi: passato, passato, passato. Ma l'euforia dura poco… percentuali elevatissime di promozioni, anche oltre il 90% in alcune regioni, ma coi posti a disposizione che restano quelli fissati dal DM 205/23 nell'allegato 1, che per certe classi di concorso vedono numeri davvero esigui, tenendo conto anche della Riserva 30% ex art. 13, cc. 9 e 10, DM 205/23.

4 posti di arte in Piemonte, 19 di italiano in Umbria, 10 di matematica e scienze in Puglia, 2 di motoria in Sardegna, solo per citare qualche esempio su e giù per lo stivale…

Diventa chiaro a tutti che, per chi ambisce al ruolo e non solo ai 12 crediti per le graduatorie interne, la selezione all'orale sarà enorme… e certamente deve essere demotivante iniziare un percorso impegnativo di studio, quasi certamente nei ritagli di tempo concessi da supplenze, altri lavori o impegni famigliari, ben sapendo che le possibilità di farcela possono essere limitate e che la fortuna giocherà un ruolo importante (la traccia sorteggiata 24 ore prima: può capitare un argomento dove abbiamo pronte attività già testate in classe e studiate a lungo, oppure argomento del tutto nuovo, astruso e ostico). Chi ha avuto un punteggio non altissimo, o ha pochi titoli, troverà la determinazione per studiare argomenti così vasti? Vi chiediamo però di non dare nulla per scontato, di non darvi per sconfitti in partenza. Dedichiamo un capitolo a voi indecisi. L'orale provatelo, se non avete tempo e vi sentite già sconfitti al limite non dedicateci troppo tempo, ma provatelo! Vi servirà da esperienza, vi aiuterà a migliorare come docenti e partire avvantaggiati a un prossimo concorso, e poi dovete sempre lasciare accesa una piccola speranza. Rinunciare significa perdere in partenza, senza nemmeno aver giocato, ma se state leggendo questo manuale probabilmente lo avete capito anche voi! La mancanza di abilitazione, lo capiamo, è un altro freno notevole. Perché non dare un riconoscimento a chi si è dimostrato capace di passare uno scritto? Dimostrare di aver studiato bene la pedagogia scolastica, passare anche l'orale dimostrando il vostro valore, e magari per scarsi titoli restare fuori dai posti a concorso e non aver neanche l'abilitazione (forse 3 punti in più in GPS). Può essere molto demotivante, e ingiusto. Lo capiamo. Molti rinunceranno per questo (quindi ci sarà già un po' di autoselezione), voi non lo fate.

C'è poi un interrogativo che sorge spontaneo. QUANDO SI SVOLGERANNO GLI ORALI?
Con tutte queste promozioni, riusciranno i vari USR a gestire gli orali in modo rapido e funzionale? Non scordiamo che il decreto parla di durata massima di 45 minuti (art. 7 comma 4). Non sono pochi. Quante commissioni saranno necessarie per ogni regione per passare tutti gli ammessi? Si stimano 300.000 orali per la secondaria, con le rinunce saranno un po' meno, ma vogliono dire comunque migliaia e migliaia di ore di orali. Quanti docenti si renderanno disponibili a far parte di commissioni sapendo l'enorme mole di lavoro che li attende (e perché no, la responsabilità che un tal ruolo comporta, quando la selezione non viene ripartita equamente tra scritto e orale).

Abbiamo assistito in passato a attese estenuanti, anche di anni!, dal termine dello scritto alle prove orali, quando i candidati da valutare erano in numero molto più esiguo. Vi auguriamo di cuore che per voi non sia così, ma il rischio è innegabile che ci sia, almeno per le cdc con più ammessi in numeri assoluti. "Quando saranno gli orali?". Non c'è risposta, ma ci auguriamo di non rivivere casi come quello del Lazio, o di altre regioni, con docenti lasciati in attesa perenne e estenuante.

Pensateci: chiedereste mai a un vostro alunno di iniziare a studiare un argomento molto complesso senza dargli una scadenza temporale? Senza paventargli la possibilità di essere interrogato tra un mese, o forse sei, o forse tra oltre un anno? Come ci si può preparare al meglio in queste condizioni?

L'unica consolazione è che siete tanti in questa situazione. Abbiamo fatto il possibile per adattare il manuale 2022 al vostro concorso, mantenendo molti consigli generalmente validi, aggiungendo approfondimenti e con indicazioni più specifiche per voi.
Scopo di questo libro continua a essere quello di accompagnarvi in questo ultimo sforzo, darvi una strategia, una rotta da seguire. Insomma, questo manuale è pensato come punto di partenza del vostro percorso per cercare di fornirvi utili consigli e strumenti per affrontare l'orale e ottenere non solo il superamento del concorso, ma una buona posizione in graduatoria nella speranza sia sufficiente per ottenere il ruolo!

A tutti voi colleghi vanno i nostri migliori auguri.

2 - IN COSA CONSISTE L'ORALE 2024
(disamina del bando)

Numerosi sono i dubbi che un candidato può avere riguardo il funzionamento della prova orale. **Il miglior consiglio che possiamo darvi è, molto semplicemente, quello di partire dalle fonti ufficiali!** Potrà sembrare quasi banale, ma non avete idea di quanti colleghi arrivino alla prova orale senza aver bene idea di cosa aspetti loro, o quanti si fidano delle prime risposte trovate sul web, senza averne verificato l'attendibilità, e a volte totalmente erronee e fuorvianti! Pensateci, è come pensare di affrontare una partita senza conoscere le regole del gioco! Per quanto siate forti e allenati, senza aver chiaro cosa dovrete fare rischiate davvero di trovarvi in difficoltà (e purtroppo è capitato a non pochi colleghi nel passato Stem, o concorsi in generale). Leggiamo anche nel 2024 tantissime domande di docenti che, per qualche motivo, dimostrano di non aver letto il bando. Fatelo! Sarà un'ora ben spesa. Prima di ripassare qualsiasi altra cosa studiatevi il bando, compresi gli allegati A e B! Noi vi guideremo comunque nei punti salienti.

La vostra prima fonte di informazioni deve quindi essere la normativa ministeriale del concorso, e i documenti che il vostro ufficio scolastico regionale (USR) redigerà probabilmente in futuro, contenente le modalità di svolgimento (che in passato hanno visto differenze, anche significative, da regione a regione), le griglie di valutazione che dovranno uscire, il calendario delle prove per sapere quando poter assistere ad altri orali, ecc.

Tutte le informazioni che invece non derivano da fonte ufficiale vanno sempre verificate! I gruppi WhatsApp, le pagine Facebook e i consigli dei colleghi sono spesso utilissimi, ma capita a volte che vi vengano fornite risposte completamente erronee. Un esempio pratico e significativo: ci è capitato di leggere di docenti che asserivano, con convinzione, che un voto inferiore a 70 di prova pratica (nelle cdc che la prevedono) comporti il non superamento del concorso. Una buona notizia per voi: non è così! Ma non perché lo diciamo noi, perché lo dice la normativa ministeriale (art.8 comma 4 del bando):

Il voto della prova orale è dato dalla media aritmetica delle rispettive valutazioni. Superano la prova orale i candidati che conseguono un punteggio complessivo minimo di 70 punti su 100.

Una prova pratica con punteggio 60 può essere compensata da un orale di 80 o superiore, come è stato in passato.

Dove trovare quindi i riferimenti normativi? Basta una ricerca ben fatta su Google per trovare i riferimenti corretti del Ministero dell'Istruzione e del Merito, o dei suoi Uffici Scolastici Regionali. Poi vanno bene i vari Orizzonte Scuola o siti dei Sindacati, ma in seconda battuta.

Il vostro punto di riferimento (ci rivolgiamo ai docenti di scuole secondarie), come già dovrebbe essere stato per la prova scritta, deve essere il Decreto 205 del 26 ottobre 2023 del MIM:

Concorso per titoli ed esami per l'accesso ai ruoli del personale docente della scuola secondaria di primo e di secondo grado su posto comune e di sostegno, ai sensi dell'articolo 3, comma 7, del Decreto ministeriale 26 ottobre 2023, n. 205

E non scordatevi i suoi allegati A e B.

Qui in link al sito del Ministero: https://www.miur.gov.it/-/decreto-ministeriale-n-205-del-26-ottobre-2023-1 dove trovate tre pdf: il bando vero e proprio e allegati A e B.

Da questa fonte certa sappiamo che *Il concorso si articola nella prova scritta di cui all'articolo 6, nella prova orale di cui all'articolo 7 e nella successiva valutazione dei titoli.*

Vediamo allora questo articolo 7 cosa prevede per l'orale:

"La prova orale per i posti comuni è volta ad accertare in

particolare **le conoscenze e le competenze del candidato sulla disciplina della classe di concorso** per la quale partecipa, secondo quanto previsto dall'Allegato A al Decreto ministeriale, e le **competenze didattiche generali**, nonché la relativa **capacità di progettazione didattica efficace** - anche con riferimento all'uso didattico delle **tecnologie** e dei dispositivi elettronici multimediali, finalizzato al raggiungimento degli obiettivi previsti dagli ordinamenti didattici vigenti; **a tal fine, nel corso della prova orale si svolge altresì un test didattico specifico, consistente in una lezione simulata.**"

Vediamo inoltre cosa si prevede per il **sostegno**:

"La prova orale per i posti di sostegno verte sul **programma di cui al medesimo Allegato A** e valuta la **competenza del candidato nelle attività di sostegno all'alunno con disabilità** volte alla definizione di **ambienti di apprendimento**, alla **progettazione didattica e curricolare** per garantire l'inclusione e il raggiungimento di obiettivi adeguati alle possibili potenzialità e alle differenti tipologie di disabilità, anche mediante **l'impiego didattico delle tecnologie** e dei dispositivi elettronici multimediali; a tal fine nel corso della **prova orale si svolge altresì un apposito test didattico specifico, consistente in una lezione simulata.**"

E' interessante fare attenzione alle novità rispetto ai concorsi passati: non si parla più di UNITA' DIDATTICA DI APPRENDIMENTO o ATTIVITA DIDATTICA ma di LEZIONE SIMULATA. Cercheremo più avanti di capirne analogie e differenze, tenendo conto che senza una pronuncia chiarificatrice del Ministero un margine di incertezza ci sarà sempre.

Al comma successivo scopriamo poi indicazioni più precise sulla durata: 45 minuti **di cui parte dedicata alla lezione simulata che non può superare la metà della prova orale** come tempi, quindi sembrerebbe indicare 20, massimo 22 minuti. Questa è già una sostanziale differenza rispetto al passato, quando la presentazione dell'UDA ricopriva anche più dei tre quarti del tempo dell'orale, sforando anche i 30 minuti.

"La prova orale ha una **durata massima complessiva di 45 minuti**, salvo quanto previsto all'articolo 7, comma 4, secondo periodo, del Decreto ministeriale, fermi restando gli eventuali tempi aggiuntivi e gli ausili di cui all'articolo 20 della legge 5 febbraio 1992, n. 104, e al Decreto del Ministro per la Pubblica Amministrazione del 9 novembre 2021. **La durata della lezione simulata di cui ai commi precedenti non può essere superiore alla metà dell'effettiva durata della prova orale**. Per le classi di concorso **A-24, A-25 e B-02 la prova orale è condotta nella lingua straniera** oggetto di insegnamento"

Le tracce predisposte dalla commissione vengono estratte il giorno precedente alla prova con 24 ore di anticipo, e possono essere mandate via mail al candidato. Se però vi è comodo ritirarlo di persona fatelo, può succedere che qualche commissario faccia in quella sede qualche raccomandazione, o qualche commento utile, anche solo sulla lunghezza consigliata della presentazione (un conto è il tempo massimo, un altro quello "gradito"…). Sono considerazioni che possono sembrare fastidiose, lo capiamo e non ci esprimiamo sulla loro correttezza, ma in passato è successo ed è giusto avvisarvi.

I quesiti da proporre ai candidati sono invece estratti all'inizio della prova orale, non c'è quindi modo di prepararsi e bisognerà dimostrare una buona conoscenza su tanti argomenti, per alcune cdc come A28 un programma immenso. Questo sarà certamente fonte di ansia, ma lo sarà per voi come per gli altri concorrenti.
Da cosa è composto questo immenso programma? Ce lo dice l'allegato A, con una "parte generale" A1, che comprende anche il lungo elenco di normativa scolastica.

Nella sezione A2 vengono definiti i programmi specifici di sostegno (A.2.1) e in ogni CDC (A.2.2). Vi invitiamo, se non l'avete già fatto, a cercarlo per la vostra classe. Riportare tutto in questo manuale sarebbe un'inutile ripetizione.

"**Prima dell'inizio di ciascuna sessione di prove orali**, le commissioni determinano **i quesiti da porre ai singoli candidati**, nella misura del triplo dei candidati da esaminare; tali quesiti sono proposti a ciascun candidato previa estrazione a sorte all'inizio della prova. **La traccia da sviluppare per svolgere la lezione simulata** di cui all'articolo 7, commi 2 e 3, del Decreto ministeriale **è estratta dal candidato 24 ore prima** dell'orario programmato per la propria prova; qualora il candidato non sia presente all'ora prevista per l'estrazione, la commissione procede all'estrazione della traccia e ne dà comunicazione al candidato a mezzo di posta elettronica, all'indirizzo indicato nella domanda di partecipazione al concorso"

Nei successivi commi 6, 7, 8 ci viene indicato che al termine di ogni seduta vengono comunicati immediatamente esiti e punteggi su sito USR e su Portale e vi è il rimando all'allegato A per la PROVA PRATICA, prevista per A28 e per alcune classi di concorso (vedasi capitolo successivo), con le indicazioni specifiche. Importante vedere come le tracce siano estratte il giorno della prova e non si possano ripetere (all'interno della stessa commissione ovviamente, a livello nazionale ci saranno certamente ripetizioni, forse anche a livello regionale laddove vi saranno più commissioni)

"La traccia per ciascun turno di prova pratica è estratta all'atto dello svolgimento della stessa. Le tracce estratte sono escluse dai successivi sorteggi"

L'articolo si conclude col comma 9 con indicazioni per la prova di lingua inglese (e indicazioni specifiche per cdc linguistiche)

"La prova orale **per i posti comuni e di sostegno valuta altresì la capacità di comprensione e conversazione in lingua inglese almeno al livello B2** del Quadro Comune Europeo di Riferimento per le lingue ad eccezione dei candidati per le classi di concorso A-24, A-25 e B-02 per la lingua inglese."

Nel successivo articolo 8 vengono specificati i criteri di valutazione: 100 punti scritto, 100 orale (che per alcune CDC deriva da media di colloquio e prova pratica) e 50 per i titoli. Le prove sono superate col raggiungimento del punteggio minimo di 70 punti, facendo attenzione che dove c'è prova pratica (come detto in precedenza) vale la media di colloquio e prova pratica, non è necessario raggiungere il 70 per entrambe.

Per sapere invece come contare i punti dei titoli dovete fare riferimento all'allegato B del bando *"Tabella dei titoli valutabili nei concorsi per titoli ed esami per l'accesso ai ruoli del personale docente della scuola secondaria di primo e secondo grado, su posto comune e di sostegno, e ripartizione dei relativi punteggi"*. Ad esempio il voto di laurea dà diritto a un punteggio purchè superiore a 75 punti, una volta proporzionato il vostro voto in centesimi. Il calcolo da fare è: (punteggio in centesimi – 75) : 2.

"Nei casi in cui l'Allegato A del Decreto ministeriale preveda lo svolgimento della prova pratica nell'ambito della prova orale, la commissione ha a disposizione **100 punti per la prova pratica e 100 punti per il colloquio** da condursi ai sensi dell'articolo 7, commi 2, 3, 4, 5 e 8. **Il voto della prova orale è dato dalla media aritmetica delle rispettive valutazioni.** Superano la prova orale i candidati che conseguono un punteggio complessivo minimo di 70 punti su 100."

3 - IN COSA CONSISTE LA PROVA PRATICA

L'articolo 8 comma 4 del bando abbiamo visto determinare la presenza della prova pratica per certe classi di concorso, definite nell'allegato A e qui di seguito riportate. Il punteggio di tale prova viene mediato con quello del colloquio (e questa media vale come punteggio da 0 a 100 riservato all'orale, e deve essere minimo 70 punti per il passaggio del concorso). Ovviamente **passare il concorso non garantisce avere un posto di ruolo**, dipenderà dai posti disponibili e dalla vostra posizione in graduatoria determinata dalla somma di punteggio SCRITTO (max 100 punti) ORALE (media colloquio e pratica, max. 100 p.) e TITOLI (max 50 p.).

Rispetto ad alcuni concorsi del passato dove la prova pratica era collegata alla traccia estratta 24 ore prima, e potevate decidere voi cosa portare (come nei video esplicativi sul canale Youtube di Luca Prof!), in questo caso scoprirete il giorno stesso la prova che dovrete svolgere. Scriveremo più avanti nel manuale qualche consiglio pratico per prepararsi.

Nell'allegato A, dopo le parti generali e di sostegno, si elencano tutte le CDC e da qui scopriamo quali devono affrontare la prova pratica e qualche breve indicazione, tra cui la durata, che riportiamo qui di seguito per A28 e per le CDC STEM più affini, **sull'allegato A ve ne sono molte di più**, vi invitiamo a cercare la vostra classe concorso sull'allegato A:

A-28 Matematica e scienze
La prova pratica consiste in un'esperienza di laboratorio afferente all'area delle scienze chimiche, fisiche, biologiche e naturali, con riferimento ai contenuti previsti nel programma concorsuale. Il risultato deve essere descritto e commentato in un'apposita relazione scritta. Durata della prova: 3 ore.

A-20 Fisica

La prova pratica consiste nella misura di una o più grandezze fisiche, la verifica di una legge o lo studio di un fenomeno fisico. Il risultato deve essere descritto e commentato in un'apposita relazione scritta. Durata della prova: 3 ore.

A-27 Matematica e fisica

La prova pratica consiste nella misura di una o più grandezze fisiche, la verifica di una legge o lo studio di un fenomeno fisico. Il risultato deve essere descritto e commentato in un'apposita relazione scritta. Durata della prova: 3 ore.

A-33 Scienze e tecnologie aeronautiche

La prova pratica consiste nello svolgimento di un quesito concernente una situazione problematica. Il tema oggetto della prova sarà estratto a sorte per ciascun concorrente da una serie preparata dalla Commissione. Durata della prova: 4 ore.

A-34 Scienze e tecnologie chimiche

La prova consiste in un'esperienza di laboratorio, proposta dalla commissione esaminatrice, relativa ad analisi quantitative/qualitative o a diverse tipologie di reazioni chimiche, afferente ai contenuti previsti nel programma. Al termine della prova sarà redatta una sintetica relazione intesa a illustrare i criteri seguiti nella programmazione, nella preparazione e nell'esecuzione dell'esercitazione. Durata della prova: 4 ore.

A-50 Scienze naturali, chimiche e biologiche

La prova sarà strutturata in due parti. La prova sarà estratta a sorte fra un gruppo preparato dalla Commissione in base alle disponibilità dei laboratori presenti nella sede d'esame; per la parte laboratoriale, il candidato elaborerà una scheda da cui si evincano: gli obiettivi dell'esperienza, i materiali e le attrezzature usati, le procedure adottate, le osservazioni effettuate, le conclusioni e i risultati. Durata della prova: 8 ore.

B-03 Laboratori di fisica

La prova pratica consiste nell'esecuzione di un'esperienza per la dimostrazione e lo studio di un fenomeno o la misura di una o più grandezze fisiche. La prova dovrà essere corredata da una relazione scritta che illustri i criteri seguiti, i mezzi impiegati, i risultati ottenuti. Durata della prova: 6 ore

B-12 Laboratorio di scienze e tecnologie chimiche e microbiologiche

La prova pratica consiste nella determinazione qualitativa e/o quantitativa di un determinato campione. La prova dovrà essere correlata da una relazione che ne indichi la metodologia usata, i criteri eseguiti, gli strumenti impiegati e i risultati ottenuti. Durata della prova: 6 ore.

Come potete vedere i contenuti sono abbastanza vaghi e generici. Su A28: 3 ore su esperimenti su tutto il programma di scienze (sembrano essere esclusi attività pratiche legate all'aritmetica/algebra/geometria) e la presenza di una **relazione scritta** che commenta l'esperimento. Questa l'unica certezza. Visto il tempo a disposizione è probabile che i candidati vengano convocati in un laboratorio dove sarà fornito il materiale per la prova, il tempo per sperimentare e poi descrivere il tutto in una relazione valutata. Non si può desumere da quanto scritto se, come già accaduto, le commissioni vorranno anche che l'esperimento venga esposto oralmente di fronte a loro, o almeno replicato di fronte a loro, se saranno presenti nelle tre ore (non è detto lo siano, di certo l'aula sarà sorvegliata da qualcuno). Non è nemmeno sicuro al 100% che dovrete in pratica fare qualcosa, in passato si è anche assistito a prove pratiche "teoriche", un ossimoro nei termini ce ne rendiamo conto, dove veniva fornita una traccia con un argomento e il teorico materiale a disposizione, e si era chiamati a ipotizzare una relazione senza fisicamente riprodurre l'esperimento. Se si pensa a quanti docenti andranno valutati, alla difficoltà di reperire laboratori di dimensioni adatte, con materiale sufficiente per tutti e per tante tipologie di esperimento… non è poi così fantascientifico ipotizzare che per qualche CDC o in qualche USR si dedica di percorrere tale strada.

Al momento attuale si possono fare solo congetture, sarà vostra cura essere attenti a nuove indicazioni che potranno venire fornite in merito (probabilmente dagli USR), magari contestualmente all'uscita dei calendari delle prove.
Allegato a questo manuale, novità di questa edizione 2024, inseriamo un esempio di relazione ricreando a distanza di due anni quanto scritto al concorso di Luca Prof!, valutata con voto 96/100, dato che ci è stata richiesta da più colleghi.

4 – HA SENSO FARE L'ORALE CON VOTO BASSO DI SCRITTO? SI'

Partiamo da un dubbio che assale tantissimi colleghi, e diamo una risposta già nel titolo: andate all'orale, anche se non siete soddisfatti del voto di scritto, anche se avete pochi titoli. E se state leggendo questo manuale, è perché in qualche modo ci state credendo, vi state preparando. Non abbiate esitazioni! Non vogliamo creare illusioni, mai come in questo caso la concorrenza è elevata e le possibilità di una cattedra in ruolo sono limitate: solitamente la grande selezione avveniva allo scritto, che quest'anno ha invece visto alte percentuali di ammessi, anche con voti molto alti (sentiamo di colleghi passati con 100, o comunque voti superiori a 90).

Ha quindi senso con un 70, o poco più, presentarsi ugualmente? La domanda è legittima, ma l'unica certezza è che una rinuncia significa una sconfitta. Intanto dipende molto dalla classe di concorso: non ovunque le possibilità sono così basse come potreste credere. Poi dipende dai vostri titoli, che possono darvi fino a 50 punti. Anche qui attenzione, non sentitevi in difficoltà perché avete pochi anni di insegnamento! Una voce di punteggio da 0 a 12,5 punti è dedicata al voto di laurea, se poi avete anche il dottorato il vostro punteggio aumenterà di altri 12,5 punti (che valgono più di 6 anni di servizio, a 2 punti l'uno. "Fonte: Allegato B").

Con questo non intendiamo dire che sarà facile, le probabilità sono contro di voi (ma questo lo sapevate già dall'inizio, in molte classi di concorso ci sono a disposizione una percentuale di cattedre molto limitata rispetto al totale degli iscritti). Nessuno però può sapere al momento come si comporteranno le commissioni di valutazione degli orali. Sanno benissimo anche loro che, rispetto al passato, hanno l'onere di effettuare una selezione molto più importante, e quindi è presumibile che ci saranno (anche percentualmente) molte più bocciature.

Se un collega non prenderà almeno 70 di orale, poco importa se aveva anche 94, 96 di scritto e/o tantissimi titoli, voi gli passerete davanti anche con un punteggio complessivo minore (se avrete preso almeno 70 di orale). La differenza abissale di contenuti tra ciò che è stato chiesto allo scritto e quello che vi chiederanno all'orale, farà poi sì che le votazioni possano completamente ribaltarsi. Magari tanti neo-laureati più abituati a prepararsi per esami universitari (o con maggior tempo a disposizione) hanno conseguito ottimi punteggi allo scritto, ma poi la loro mancanza di esperienza potrà farsi sentire all'orale (se siete alle prime esperienze da professori, vi dedichiamo un capitolo su come cercare di fare di questa mancanza un punto di forza).

Ci saranno poi sicuramente tanti colleghi che non si presenteranno agli orali, tanti per scelta, alcuni per forze di causa maggiore, i numeri un pochino si abbasseranno (anche allo scritto si è presentato mediamente meno dell'80% degli iscritti). Bisognerà poi capire come verrà affrontata la solita e spinosa situazione di chi non fa il concorso per avere la cattedra, ma ad esempio i 12 crediti graduatoria interna, o che vincerà anche un'altra cattedra. Si spera che al posto dei rinunciatari possano essere presi i colleghi che seguono in graduatoria, sarebbe una scelta di buon senso (ma non sempre le regole del Ministero sembrano seguire il buon senso).

E se anche tutte queste argomentazioni non vi avessero convinti, andate all'orale perché è una importante esperienza formativa che vi servirà in futuro. Altri concorsi sono alle porte, negli ultimi anni se ne sono susseguiti parecchi, molto di ciò che studierete vi servirà comunque in futuro (anche nel vostro mestiere di insegnante). Imparerete a affrontare questa prova, farete esperienza dei vostri errori, capirete meglio le dinamiche di un concorso. Quindi, al limite, se sentite che non avete possibilità al limite non dedicate troppo tempo al ripasso, non spendete troppe risorse per manuali e corsi, ma lasciate accesa una piccola speranza.

5 - COME PREPARARSI PER L'ORALE
(colloquio e prova pratica)

Ogni docente ha ovviamente il suo metodo di studio, affinato negli anni, e sarebbe controproducente stravolgerlo in vista di un traguardo così importante. Cerchiamo però di dare alcuni suggerimenti utili, o almeno valutare pro e contro di alcune delle strategie percorribili.

Prima considerazione: non sappiamo quanto tempo abbiamo a disposizione per prepararci (condizione terribile!). Di sicuro non prima di aprile, poiché servono almeno 15 giorni di preavviso. Di certo l'obiettivo del Ministero è quello di terminare in fretta, di avere già docenti di ruolo per il prossimo anno scolastico. Ma tra il dire e il fare...
Fate un conto: quanti docenti sono stati ammessi all'orale? Si stia 250mila o più. Quanto dura ogni orale? Max. 45 minuti. In passato ogni commissione esaminava tendenzialmente 8 docenti al giorno. Quante ore complessive di orali andranno svolte, più le prove pratiche? Vuol dire muovere una macchina organizzativa gigantesca, che in passato ha avuto molte difficoltà a terminare le procedure in tempi dignitosi (si parla comunque di mesi), e si arrivava da scritti che avevano ridotto anche dell'80%/90% il numero di docenti. Noi ci auguriamo vivamente di sbagliarci, forse in qualche regione e per qualche classe di concorso tutto si risolverà a breve, ma per tanti colleghi sarà davvero una fortuna se riusciranno a concludere il tutto per il prossimo anno scolastico. Non ci stupiremmo però se tra un anno molti candidati dovessero ancora sostenere la prova, come successo in passato. Speriamo di essere smentiti. Dunque non è certo quanto tempo avrete, probabilmente parecchio. Punto primo studiate bene il bando e leggetevi questo manuale, non ci vorrà molto e vi chiarificherà molto le idee su come impostare il lavoro. Si potrà poi passare a un ripasso generale e poco approfondito, rivedendo con più attenzione gli argomenti che conosciamo meno, cercando già di inquadrarli mentalmente in una lezione simulata, e poi

iniziare un approfondimento più specifico se ci sarà tempo. Di certo avrete almeno 15 giorni di preavviso, con un po' di fortuna uscirà un calendario che in molte regioni sarà lungo (passano a volte anche mesi dal primo all'ultimo orale) e avrete finalmente certezza di una data e di quanto tempo avrete a disposizione per prepararvi.

Altro aspetto molto pratico: prenotare le vacanze? E' un rischio, inutile girarci intorno, gli orali potrebbero partire anche durante l'estate, e magari quel giorno voi avevate previsto di essere dall'altra parte del mondo. Non affidatevi a speranze come "nella settimana di Ferragosto/Natale/Pasqua è impossibile che ci chiamino". Ricordatevi che i commissari sono docenti, i momenti in cui sono maggiormente disponibili sono proprio le vacanze. L'unica garanzia è che, fino a quando non escono i calendari, per i futuri 15 giorni sarete tranquilli.

Cerchiamo anche di intuire i "non scritti" del bando e metterci nei panni di una possibile commissione: in passato la prova scritta verteva sui temi della materia (più inglese e informatica). Quest'anno (anche per semplificare la vita al Ministero) si è scelta una prima prova comune per tutti su pedagogia, metodologia ecc…

Nessuno ha ancora accertato le vostre conoscenze sulla materia! Anche per questo, crediamo, oltre alla lezione simulata estratta 24 ore prima avrete delle domande sulla materia che scoprirete il giorno stesso, e renderanno molto più complessa la preparazione… In passato invitavamo infatti i colleghi a non studiare approfonditamente tutto il programma, ma adottare una strategia efficace per le 24 ore precedenti. Questa volta non si può fare. Ne parliamo più avanti, ma crediamo che anche la dicitura "lezione simulata", e la riduzione del tempo esposizione a metà della durata colloquio, voglia focalizzare l'attenzione più sui contenuti della materia che sugli aspetti generali (analisi contesto, territorio, contesto classe, BES ecc…). Ovviamente sono solo supposizioni, non prendetele come verità di legge.

Purtroppo gli argomenti che caratterizzano le materie STEM, e in particolare l'A028, sono davvero tantissimi! Tutta la matematica, le varie scienze, oltre che la conoscenza sulla normativa, sul funzionamento scolastico, sulle metodologie didattiche, e la psicologia e pedagogia didattica che avete studiato per lo scritto (ma chissà quanto tempo sarà passato quando sarà ora di fare la prova orale...). Noi riteniamo, ma non possiamo avere certezze, che non ci saranno domande specifiche sulla normativa, e che gli aspetti legati allo scritto vengano dati per acquisiti e accertati col superamento di tale prova. Di certo è di fondamentale importanza, e ribadiamo FONDAMENTALE, che voi diate l'idea, in ogni risposta, di **essere un docente**, non un universitario ad un esame. Non dovete dimostrare (solo) di conoscere la materia, ma di essere consapevoli di come intendete spiegare quella materia, a che tipologia di alunni la spiegherete, che siete in grado di adattare argomenti potenzialmente molto complessi per renderli alla portata di ragazzini magari di 11-12 anni che potrebbero non avere predisposizione per quella materia. Facciamo un esempio su A28, se io fossi commissario, su una domanda sulla "fotosintesi clorofilliana", non mi attendo certo una risposta piena di concetti complessi di biochimica inarrivabili per un ragazzo, quanto la capacità di far comprendere questi processi a un alunno, con esempi semplici, pratici, concreti. Questo non vuol dire banalizzare la materia. Può essere saggio far comprendere che voi conoscete bene l'argomento, magari anche a livello universitario, ma siete consapevoli di cosa e come volete spiegarlo, adattandolo, per i vostri studenti, perché da buoni docenti sapete cosa serve loro per un apprendimento efficace. Questa può anche essere una strategia per affrontare argomenti a voi ostici: esponenteli in modo semplice come fareste in classe. Ditelo! Siate scaltri a sfruttare al meglio le situazioni. Un po' di astuzia è necessaria, anche come docenti.

Fondamentali sono poi le 24 ore che precedono il colloquio. Le dovrete dedicare completamente alla lezione simulata (e ne parleremo meglio più avanti). In quelle 24 ore non si ripassa più nulla che non sia inerente alla traccia estratta! E anche il giorno prima meglio averlo libero da studi: dovete essere pronti e brillanti per 24 ore che vi metteranno duramente alla prova. In questa ottica, **per la lezione simulata, è fondamentale avere pronto uno "scheletro" di presentazione**, realizzato con calma nei giorni precedenti (consigliamo di iniziare a lavorarci almeno una decina di giorni prima della prova, meglio anche prima), che vi soddisfi anche graficamente, e che sia facile e rapida da implementare con le informazioni estratte nella traccia.

Non è obbligatorio avere una presentazione, ma il consiglio vivo e spassionato è di farla, presentarvi parlando a braccio può dare l'idea che abbiate deciso di non dedicare tanto tempo a questa prova, e che prediligiate lezioni frontali senza ausilio di strumenti digitali (che invece vengono sempre più richiesti, anche nello specifico di questo bando!). Ci sarà un capitolo apposito dedicato a questo.

Se sarete fortunati, la traccia non conterrà indicazioni di contesto territoriale o di classe, e potrete già sviluppare tutte quelle slide con cura e attenzione (anche su questo, dedicheremo un capitolo apposito). In ogni caso, avere una presentazione già impostata vi permetterà di apportare modifiche e integrazioni in molto meno tempo rispetto che iniziare da zero.

Preparare tante presentazioni di Lezioni Simulate, magari in collaborazione con un gruppo di lavoro (cercando così di coprire l'intera gamma di argomenti possibili) è un'impresa titanica. E val la pena chiedersi quanto utile... Di certo è utile come esercizio per allenarsi a impostare una presentazione, molto meno se si pensa di avere così accesso, nelle famose 24 ore, a presentazioni già pronte su qualsiasi argomento verrà estratto. Le presentazioni, infatti, sono tanto più efficaci quanto sono personali, elaborate secondo il proprio metodo di insegnamento, il proprio contesto classe e territorio e, ultimo ma non meno importante, la propria commissione! Sfruttare un'anonima Lezione Simulata sull'argomento estratto, preparata da non si sa bene chi e con che cura, rischia solo di crearvi insoddisfazione e ansia. Usate presentazioni altrui solo se già sapete che non avrete tempo da dedicarci, e andate all'orale sperando nella buona sorte (ci asteniamo su commenti di merito).

Abbiamo accennato a gruppi di lavoro. Se ne trovano di tutti i tipi e su quasi tutti i social o canali (WhatsApp, Telegram, Facebook…). Ne parleremo in un capitolo apposito, ma iniziamo a dire che possono essere un ottimo aiuto, quindi l'invito è certamente di iscriversi, facendo però attenzione che siano della regione dove darete l'orale e della vostra classe di concorso. L'aiuto che possono fornirvi è immenso (così come l'aiuto che potrete fornire voi ai vostri colleghi, in un'ottica di collaborazione che non deve mai mancare). I rischi di ridondanza di messaggi e informazioni, e quindi stress e ansia, sono anche alti. Vanno maneggiati con cura, come vedremo.

Oltre allo studio di tutti gli argomenti delle nostre materie, dove consigliamo un approccio graduale, prima completo e meno approfondito, poi più di dettaglio se avete tempo, restano altre tre grandi tematiche: **la normativa, le metodologie didattiche, la prova pratica.**

Pur non stancandoci mai di ripetere che ogni commissione è un mondo a sé, e fino a quando non inizieranno gli orali non potrete più di tanto conoscere i loro gusti, aspettative, criteri ecc., una conoscenza di base di normative e metodologie è importante, sia per il concorso che per la vostra futura carriera di docenti. In parte sono già state studiate e valutate allo scritto. Per questo concorso consigliamo di dedicare più tempo alla materia, ma non abbandonare del tutto il resto. La cosa migliore è studiare la materia di concorso valorizzando quanto appreso nelle conoscenze pedagogiche e metodologiche, che è proprio quanto dovrebbe fare un docente. Un approccio integrato e complessivo alla materia.

Un commissario potrebbe in effetti dare abbastanza per scontato che voi, essendo laureati in quella materia e avendo avuto 24 ore di tempo per prepararvi, siate piuttosto ferrati sull'argomento che presentate nella lezione simulata. Potrebbe quindi essere interesse di un commissario capire più la vostra consapevolezza del ruolo e abilità di docente di presentare quell'argomento che la vostra preparazione teorica sulla materia stessa, che constaterà meglio con le domande estratte al momento. Anche in riferimento a queste domande, se avrete dei commissari di buon senso, sapranno che voi non siete dei tuttologi e non è quello che dovrebbero cercare. Un docente prima di una lezione ha tempo di ripassare un argomento prima di presentarlo alla classe, lo sappiamo tutti: non conosciamo tutto a memoria, lo rivediamo, lo adattiamo a un contesto. Vi auguriamo una commissione illuminata in tal senso (e se non passate il primo giorno, studiatela la vostra commissione, è davvero importante!)

La **normativa** è complessa e molto articolata (basti vedere la parte generale dell'allegato A!), potrebbe anche non venire richiesta (ma come fare a saperlo in anticipo? Non si può…), potrebbe essere da voi sfruttata nella presentazione con appropriate citazioni (quasi tutti la inseriscono, per esempio, nelle slide sui bisogni educativi speciali del contesto classe). In ogni caso non è un esame di diritto, ed è molto improbabile che vi venga chiesto un articolo specifico o di ricordare i numeri di riferimento di ogni decreto. E' però importante che voi siate consapevoli di come è regolato il mondo scuola, compresa la sua *governance* (alcune cose possono essere scontate per precari di lungo corso, ma essere del tutto sconosciute a chi non ha mai insegnato). Nel capitolo sui testi utili per affrontare la prova vi daremo qualche suggerimento su dove poter studiare la normativa scolastica.

Altrettanto importante è la conoscenza delle **metodologie didattiche**. Durante la presentazione dell'attività, infatti, non sarete chiamati solo a spiegare COSA volete insegnare, ma soprattutto COME. Le metodologie che vanno a innovare la classica lezione frontale (che in ogni caso può continuare ad avere una sua importante funzione, purché non rimanga prevalente o esclusiva) sono molte. Applicarle tutte, tanto più in un'unica attività didattica, suonerebbe poco credibile. Meglio scegliere una strada che voi percepiate come personale, che si adatti a quell'argomento e a quella classe, avendo però nel proprio bagaglio personale una conoscenza di massima delle altre metodologie.

Potrebbe esservi infatti richiesto di valutarle criticamente in comparazione a quanto dai voi proposto (es. "non ritiene che sarebbe stato più efficace attuare il *learning by doing?*", "come pensa risponderebbero i suoi alunni a un'impostazione *flipped-classroom?*". Domande davvero sentite in sede di orale). Potete ovviamente argomentare i perché non abbiate ritenuto queste metodologie opportune, ma per farlo dovete un po' conoscerle… Queste conoscenze non devono poi essere viste solo in un'ottica concorso, ma in prospettiva futura per la vostra carriera di docente (fidatevi che si nota la differenza tra un candidato che "vede" già il suo futuro da docente e uno che cerca solo di passare il concorso). Ricordatevi poi che il bando, quando parla di prova orale fa esplicito riferimento alla tecnologia, non ignoratelo! (*Art. 7 capacità di progettazione didattica efficace - anche con riferimento all'uso didattico delle tecnologie e dei dispositivi elettronici multimediali*)

Arriviamo adesso a una prova molto temuta: **La prova pratica**! Mentre normativa e metodologia possiamo sperare di evitarle (o almeno limitarci a descrivere quelle che noi abbiamo messo in presentazione), alla prova pratica non si può sfuggire… Come prepararsi dunque? Beh, facendo noi stessi pratica! E' possibile che ogni USR possa definire in futuro se dovremo mostrare davanti alla commissione la nostra attività, o se sarà sufficiente scrivere la relazione. Probabilmente vi verrà assegnato un argomento, dei materiali a disposizione e un format di relazione da compilare (in passato è stato fatto così). Più vi sarete esercitati a casa, più è probabile che vi venga assegnata una prova conosciuta, o che comunque siete in grado di ricondurre a qualcosa di simile già affrontato a casa (o perché no, in laboratorio a scuola con i vostri ragazzi! Sarebbe la cosa migliore perché ne conoscerete anche i punti di forza e debolezza in un contesto classe reale, cosa ben diversa da averlo provato nella tranquillità di casa propria).

La cosa migliore da fare, anche in coordinamento con un gruppo di lavoro, è cercare un elenco di esperimenti possibili (saranno tantissimi e mai esaustivi, ma è un punto di partenza, noi vi forniamo una nostra lista più avanti), prediligendo quelli meno complessi in termini di materiali, pericolosità e tempo a disposizione (ne parleremo meglio più avanti). Non bisogna però limitarsi a replicare una prova laboratoriale, bisogna sempre contestualizzarla in un'ottica di didattica, in una specifica classe (con attenzione all'inclusività, alla sicurezza in laboratorio), tenendo conto di prerequisiti e obiettivi specifici. Tutto questo dovrà emergere dalla vostra relazione (se richiesta, e/o dall'eventuale confronto verbale con la commissione). Vi forniamo in allegato 2 un esempio pratico, e vi sproniamo a fare di meglio, cosa certamente possibile. E ricordate: siete docenti, non più (solo) scienziati. A meno di indicazioni diverse della commissione, non conta solo la riuscita di un esperimento, è importante che questo serva ai ragazzi per il loro apprendimento. Anzi, un ragazzo può imparare molto anche da un esperimento o prova non riusciti, purché voi siate abili a farlo ragionare (e ragionare insieme a lui) su cosa non abbia funzionato. E questo è uno stratagemma eccezionale per trasformare una prova riuscita male in un successo. A me (Luca prof!) è capitato proprio questo, c'erano degli strumenti obsoleti e la prova pratica sulle leggi di Ohm dava risultati diversi da quelli che mi aspettavo (quante volte vi accadrà in classe, con la povertà dei vostri laboratori), l'ho sfruttato come punto di forza per spiegare verbalmente alla commissione cosa mi aspettavo, cosa ho verificato, che in un caso del genere mi sarei interrogato con la classe sul perché della discordanza tra teoria e pratica: abbiamo sbagliato qualcosa nell'esperimento? O nella teoria? O nel materiale utilizzato. Si apprende molto più così che da un esperimento perfettamente riuscito (tanto più se l'ha fatto solo il docente e i ragazzi si sono limitati a guardare). La commissione aveva apprezzato molto, si tratta di "problem solving" anche questo. Astuzie, strategie. Un buon docente deve averle. Non cadete nella tentazione di andare nel panico e perdere il controllo della situazione, o mostrarvi sfiduciati e disfattisti. In classe vi troverete a gestire situazioni complesse, mostrate alla commissione un giusto atteggiamento di fronte agli ostacoli.

Fatevi aiutare dai libri di testo. Presentano numerose attività pratiche e tengono conto dell'età dei vostri ragazzi (e spesso delle condizioni mai eccellenti dei nostri poveri laboratori). Un confronto anche con colleghi su diversi libri di testo, alla ricerca di prove pratiche, può essere un ottimo modo per cominciare. Non è poi necessario riprodurle tutte a casa o in laboratorio, alcune potete studiarle anche a livello teorico (più rapido ma meno efficace, inutile negarlo).

Questi sono dei primi consigli per prepararsi agli orali in quel periodo che precede le pubblicazioni dei calendari. Nel momento in cui poi inizieranno gli orali veri e propri, se non sarete i primi passare, il miglior consiglio è quello di andare ad assistere ai colloqui (e anche alla pratica se si può). Intanto è un modo di vedere le presentazioni dei vostri colleghi, il modo di presentarle, i tempi, cercare di capire le reazioni della vostra commissione, se interrompe, se fa cenni di gradimento o fastidio, che tipo di domande fanno, anche in inglese. CHE COSA SI ASPETTANO DA UNA LEZIONE SIMULATA. Se lasciano un margine di sforamento sui tempi o se saranno molto rigidi (mettetevi nei loro panni, avranno decine e decine di colleghi da ascoltare, se ognuno sfora di 5 minuti alla fine sono ore in più). Cercate poi di prevedere un voto, in base ai punti di forza e debolezza che avete notato nel vostro collega. Quando uscirà il vero voto della commissione, potrete farvi un'idea su cosa è stato apprezzato o meno rispetto alle vostre aspettative (sembra una banalità, ma può aiutare tantissimo a tararsi correttamente). Se non potete andare di persona, cercate perlomeno di avere dei riscontri dai vostri colleghi. Vedere le presentazioni pdf è certamente importante, ma sentire i loro resoconti ancora di più. Ovviamente, nella misura in cui chiedete, siate pronti poi a dare dopo il vostro orale. Cercate anche di raccogliere informazioni e presentazioni con punteggi medi o bassi, sembra un controsenso ed invece aiuta tantissimo: tendenzialmente è più difficile perché i colleghi sono meno portati a condividere quello che possono considerare un loro piccolo fallimento. Capire cosa non è stato gradito è però molto importante, o addirittura capire che errori possono aver portato a una bocciatura (in passato poche, nel 2024 potrebbero essere molte di più). Ovviamente, nel caso un vostro collega non dovesse passare la prova, dimostratevi umani, non bramosi solo di comprendere i perché della sua bocciatura…

Per la parte di **inglese**, è meglio ripassare un po' di listening e speaking (raramente potrebbe capitare di dover leggere, riteniamo quasi impossibile vi venga chiesto di scrivere). Esercitarsi a coppie può essere un buon modo di ritrovare un po' di fluidità nel linguaggio, soprattutto per chi non ha disinvoltura con la lingua. Per il listening in linguaggio scientifico, con contenuti piacevoli, segnaliamo la serie Netflix "Human – il mondo dentro di noi", ovviamente in lingua inglese, è anche un ripasso di parte del programma di scienze.

Un ultimo consiglio, appena saranno disponibili, andate a vedere il "QUADRO DI RIFERIMENTO DELLA PROVA ORALE" della vostra cdc. Se saranno come in passato, si tratterà di griglie, divise in ambiti per ciascuna prova con degli indicatori, in teoria con dei descrittori di livello. Sono queste le griglie che i commissari utilizzeranno per darvi il voto, e quindi qui potete trovare che cosa viene richiesto e valutato in un candidato, quali parametri tengono in considerazione per trasformare il vostro orale in un voto.

6 – GRUPPI DI LAVORO

In questo momento stanno nascendo moltissimi gruppi di lavoro, per tante Regioni e tante CDC si sta creando un relativo gruppo di lavoro WhatsApp, forse anche Telegram o Facebook.

Sono utili questi gruppi di lavoro? A detta di molti che hanno passato il concorso in passato sì. Alcuni vi diranno che sono stati la loro salvezza, ad esempio molti piemontesi. Ma attenti, non è tutto rose e fiori! Intanto bisogna riuscire a entrarci. WhatsApp ha alzato il limite delle chat di gruppo a 1.024 posti, ma in regioni con molti candidati, come la Lombardia, su specifiche CDC, rischiano di esaurirsi in fretta! (per cui affrettatevi a iscrivervi, o tentate ogni tanto di vedere se si è liberato un posto. A togliervi dal gruppo se non vi convince siete sempre in tempo).

Telegram sarebbe uno strumento più idoneo non prevendo limiti di partecipanti, ma forse non è ancora così diffuso e si trovano meno gruppi operativi. Facebook è una realtà ancora a parte, meno adatto a un confronto continuo ma dove è più facile indirizzare una discussione su un preciso argomento, e dove potete più facilmente trovare una risposta a una vostra domanda, senza che questa venga sommersa da altri messaggi. Allo stesso modo possono essere utili i commenti ai video YouTube di preparazione per il concorso (che sia lo studio della normativa, di come si prepara una Lezione Simulata, o come si affronta una prova pratica).

Ma un gruppo vale l'altro? No. Ogni gruppo cercherà di auto-organizzarsi come meglio riesce, sfidando a fatica una certa immancabile tendenza al caos e decidendo se attuare o meno un percorso pienamente collaborativo. In questo concorso sarà più difficile trovare pieno aiuto perché, mai come quest'anno, i candidati si giocheranno i pochi posti a disposizione, e saranno in qualche modo concorrenti. Non tutti posso concordare sull'opportunità di aiutare qualcuno che può essere percepito come "rivale". Il nostro suggerimento è di entrare nei gruppi se credete nello spirito collaborativo. Altrimenti, meglio studiare per conto proprio. Ci sarà sempre, infatti, qualcuno che proverà a vivere di rendita, che chiederà aiuto senza fornirne, anche se ovviamente noi vi invitiamo a dare tanto, e non aspettarvi solo di ricevere. Se sono atteggiamenti che non potete sopportare, forse è meglio restarne fuori per non rischiare fastidi o battibecchi che mineranno la vostra concentrazione. Noi però crediamo che siano più i vantaggi per voi nel collaborare, nello studio collettivo, che gli svantaggi. Per esperienza, tendenzialmente chi si informa molto sui gruppi, chi impara a conoscere la propria commissione grazie ai racconti altrui, arriva con una marcia in più all'orale, a prescindere dalla conoscenza della materia.

Altra cosa fondamentale: iscrivetevi al gruppo della propria regione. Ogni USR darà indicazioni diverse, e soprattutto ogni specifica commissione sarà da studiare attentamente. Essere in tanti gruppi diversi, oltre che dispersivo, può diventare controproducente.

Ecco a cosa secondo noi servono davvero questi gruppi, più di tutto: a aiutarsi nelle 24 ore prima della presentazione, e a recepire più informazioni possibili sulle VOSTRE commissioni: "quanti minuti di presentazione vogliono/gradiscono?", "cosa intendono per lezione simulata?", "vogliono tutte le informazioni generiche di una UDA o gradiscono che si vada al sodo", "che domande fanno?", "di inglese cosa chiedono?", "perché secondo te ti hanno dato un voto alto/basso?", "su cosa sono *fissati*?" (capitano quei commissari che reputano fondamentale un aspetto che noi pensavamo marginale), "cosa hanno criticato?". Queste domande possono essere fatte, efficacemente, solo a chi ha affrontato la prova nelle vostre stesse identiche condizioni. Può sembrare ingiusto, probabilmente lo è, ma anche in una stessa regione ci saranno differenze tra una commissione e l'altra, e nonostante le griglie di valutazione siano le medesime, ci saranno commissari più alti di voti e altri meno, quelli che non bocceranno molto e quelli che lo faranno senza alcun problema, quelli innamorati di una didattica molto innovativa e quelli più tradizionalisti, ecc. Capiamo il vostro fastidio, ma questa è la realtà, che piaccia o meno, ed è una realtà fondamentale per voi. Capire chi avrete davanti è essenziale, e avete solo due modi per capirlo:

- chiedere a chi è già passato (e qui i gruppi sono importantissimi)
- assistere agli orali (se potete farlo, sicuramente una mossa vincente).

Sì può poi cercare, già prima degli orali, di avere qualche informazione sulla commissione. Non sarà però facile ottenere dettagli utili (a parte forse capirne la formazione professionale, es. su A28 è un po' diverso discutere con un chimico, o un biologo, o un matematico). Come noi non possiamo sapere bene tutto, non possono saperlo nemmeno loro. Attenzione, in caso sappiate chi abbiate di fronte e abbiate una laurea affine (specie in cdc di secondaria I grado) a sentirvi in dovere di dimostrare la vostra conoscenza presentando l'argomento, o rispondendo alle domande, a livello universitario! Non è un esame dell'Università, stanno cercando di capire se siete in grado di spiegare un argomento a dei ragazzini. Paradossalmente, a volte è più facile rispondere a una domanda di un argomento meno "nostro", perché la conosceremo a un livello meno approfondito, e più adatto al contesto (certo, altra cosa è commettere degli errori. Un buon professore sa semplificare un argomento, ma non dovrebbe mai dare informazioni sbagliate: meglio ammettere di non sapere e di impegnarsi a approfondire).

I gruppi sono però importanti anche nella **fase che precede l'orale**. Tendenzialmente organizzano un drive o Dropbox di lavoro, collezionano documenti, tracce estratte gli anni precedenti, presentazioni ecc., vi tengono informati su qualsiasi novità (hanno estratto la lettera, è stata nominata la commissione, è cambiato commissario, hanno fatto uscire il calendario), e si può trovare risposta ai propri dubbi.

Tutto perfetto allora? No. Il grande rischio è la confusione, centinaia di messaggi in un giorno, rischio di passare il tempo attaccati al cellulare temendo di perdersi qualcosa di importante, una valanga di messaggi inutili, Off Topic che possono farvi spazientire (come compilo le GPS? chi fa lo sciopero? Quando chiamano per le supplenze?). Il rischio è di rispondere male, litigare, perdere fiducia nell'utilità di questo mezzo e nella voglia di collaborare.

Dovrebbe essere il buon senso di tutti a limitare il numero di messaggi, ma con tante persone insieme non è facile (basti pensare alle nostre chat colleghi o genitori, con numeri molto più piccoli!). Moderare questi gruppi rischia di essere un'impresa impossibile, che porta o ad atteggiamenti di censura, o di rassegnazione. Il nostro consiglio è di non preoccuparsi di leggere tutto, e lasciar perdere la chat quando è fonte di ansia e stress. Limitarsi ai messaggi importanti e iniziare a capire quali sono le persone più collaborative (voi comprese, possibilmente) e che potranno esservi d'aiuto per l'orale.

Nelle 24 ore che precedono l'orale, invece, il gruppo può essere davvero fonte di aiuto, con suggerimenti di ogni tipo sul come impostare la vostra presentazione, che attività proporre a una classe, quando collocarla nel curricolo, qualcuno ha del materiale per CLIL su questo? ecc.

Può essere utile organizzarsi con qualcuno di fiducia nel gruppo in uno scambio di favori se avete l'orale in due giorni distinti. Il favore consiste nel controllare per il collega la chat nelle famose 24 ore, e selezionare i messaggi utili da mandargli in privato (favore che ovviamente andrà ricambiato per il vostro orale). Un giorno d'orale possono esserci anche decine di persone che chiedono aiuto contemporaneamente, e si rischia di perdere un sacco di tempo ed energie per selezionare le cose importanti.

7 – COME PREPARARE LA PRESENTAZIONE

Una buona presentazione è la base per il vostro successo al colloquio. Sarà scontato dirlo, ma preferiamo farlo ugualmente. È obbligatorio proiettare delle slide al colloquio? No, a meno di diversa indicazione di USR o commissione… ma sarebbe da pazzi non farlo! Il bando parla esplicitamente di vostre capacità informatiche… Si può ottenere un ottimo risultato con una presentazione sintetica e poco appariscente? Sì, sicuramente sì, ma dovete essere molto abili nell'esposizione verbale (e attenzione, abbiamo detto sintetica, non carente o poco curata). Fidarvi solo della vostra abilità oratoria ci pare rischioso, potrebbe dare l'idea di un docente molto legato a una didattica frontale e tradizionale, e controllate bene i parametri nelle griglie di valutazione ma è possibile che cerchino di capire le vostre abilità di usare le tecnologie nella didattica (e se voi rifiutate l'uso del PC in quel contesto, darete l'idea che nemmeno in classe siete troppo propensi all'utilizzo di strumenti informatici).

Le slide che andrete a proiettare rappresentano un po' il vostro biglietto da visita, insieme all'atteggiamento con cui vi presentate davanti alla commissione iniziano a formare un primo giudizio (magari pregiudizio) dei commissari, prima ancora che si arrivi al cuore della vostra lezione. Alcune presentazioni risultano davvero belle a vedersi, a prescindere dal contenuto didattico, vengono realizzate con appositi programmi (es. Canva) che offrono maggiori scelte stilistiche rispetto a Power Point. Questo livello rappresenta un "di più", ma non è necessario. Anche se non avete spiccate sensibilità artistiche, potete realizzare una presentazione chiara, leggibile, ordinata e completa, sfruttando layout di base di Power Point, stando attenti alla leggibilità del testo (sia per il font scelto che dimensioni carattere e colore in abbinamento con lo sfondo), agli abbinamenti cromatici, alla quantità di testo su una singola slide, all'uso delle animazioni (in questo caso, a nostro avviso, un rischio). Non ostinatevi a cercare la perfezione estetica se non è una vostra abilità, andate sul semplice.

Potete ovviamente trovare tanti tutorial su YouTube su come impostare una buona presentazione (non per forza legata a un concorso). Un consiglio sempre valido è quello di cercare presentazioni di vostri colleghi che hanno già superato il concorso, e valutare quali scelte stilistiche vi convincono (e domandarvi se siete capaci a replicarle) e cosa non vi sembra funzioni bene.

Attenzione: preparatevi al fatto che qualcosa potrebbe andare storto a livello di proiezione, da un PC all'altro salta l'impaginazione, non funzionano le animazioni (per questo a nostro avviso meglio non metterle), non prende internet e avevate un link che rimandava a qualche contenuto on line. Che sia Power Point, Canva o altro, tenetevi pronta una presentazione PDF, portatevi una chiavetta di riserva con tutto salvato sopra, fate in modo che possiate agilmente recuperare la presentazione sulla mail, drive o altro strumento cloud. Saranno precauzioni inutili, ma meglio avere questa serenità.

Fare una bella presentazione in 24 ore è possibile? No. Forse qualcuno potrebbe dimostrarci il contrario, ma voi fidatevi ed evitate! Non sono 24 ore qualsiasi, dovrete ripassare l'argomento, pensare alla lezione simulata, progettarla, riempire il Power Point, gestire ansie e stress: il vostro scheletro di presentazione dovrà essere il più completo possibile! In quelle ore dovrete "solo" inserire contenuti, senza badare alla forma, e fare in modo che non dobbiate perdere tempo alla ricerca di stili, colori ecc.

Avrete come minimo 15 giorni da quando verrà definito il calendario degli orali al giorno della vostra prova. Se non siete riusciti prima, non aspettate oltre i 10 giorni per preparare con calma la vostra presentazione (ovviamente, dipende anche dal tempo che potete quotidianamente dedicare al concorso in quel periodo). Cercate una soluzione che vi convinca, e se siete insicuri chiedete un parere a qualcuno, qualcuno che sapete essere sincero se qualcosa non gli piace.

8 – DIFFERENZA TRA UDA E LEZIONE SIMULATA

Dobbiamo ora interrompere momentaneamente il capitolo su come preparare la presentazione per affrontare una delle domande chiave di questo concorso: ma questa lezione simulata, cos'è? Cosa si aspettano da noi?

Stavamo parlando di presentazione, e abbiamo visto che la forma è importante, ma il contenuto? Beh, il contenuto è fondamentale. Una presentazione disordinata può essere fastidiosa, ma perdonabile, grosse carenze di contenuti invece no. Dobbiamo riuscire quindi a capire cosa si aspetta da noi la commissione, cos'è una LEZIONE SIMULATA.

Ci spiace deludervi, una risposta sicura, univoca e oggettiva non c'è, almeno nel momento in cui scriviamo. Magari il Ministero emetterà qualche nota esplicativa a riguardo, magari lo faranno gli USR, forse le commissioni stesse quando estrarrete la prova (ci auguriamo di no, sarebbe dura in 24 ore ripensare tutta una struttura, senza cadere in ansie e crisi). O forse lo capirete solo vedendo cosa faranno gli altri docenti e come reagirà la commissione.

Non vogliamo però sottrarci da quella che è una questione centrale. C'è chi pensa che UDA e LS siano sinonimi, chi pensa siano due richieste molto differenti. Cerchiamo di capire se possa esistere una logica in base all'esperienza dei concorsi precedenti. L'Unità Didattica di Apprendimento abbiamo imparato a inquadrarla, e noi riteniamo in ogni caso utile mantenere anche su questo manuale tutta la spiegazione e consigli sulla preparazione. Non è solo una lezione, e nemmeno una serie di lezioni su un macro argomento, ma tutta una progettazione che tiene conto di un'analisi attenta del contesto, scelte progettuali, collegamenti con altre materie, valutazioni. Ascoltando colleghi o vedendo le loro presentazioni, anche molto ben fatte, ci si rende conto che una parte enorme del loro lavoro si riferisce a tutto ciò che non è prettamente lezione (non che sia un errore, se viene chiesta un UDA). E' possibile però che i commissari abbiano capito che questi aspetti più facili da preparare con anticipo siano ormai assodati, alla lunga è sempre un ripetere concetti molto simili (per quanto siamo fantasiosi gli aspetti quelli sono, e siamo in tanti a passare). E' possibile che con la richiesta "lezione simulata" si voglia indirizzare più sul contenuto vero e proprio, sul come proponiamo quell'argomento, focalizzandoci meno sul contorno. Riteniamo interessante anche la dicitura del bando (vedasi capitolo 2) che fissa in max. 45 minuti la prova orale, e che la lezione simulata duri al max. la metà della prova orale. Vuol dire 20, massimo 22 minuti. In passato c'erano presentazioni che sforavano nettamente la mezzora. In 20 minuti bisogna fare delle scelte, non si può dire tutto e bene, si rischia di correre come macchine, ma l'eccessiva velocità espositiva non va bene. Un commissario potrebbe pensare che se in classe andate così, come un treno, condensando tutto in 20 minuti, i vostri alunni non capiranno molto. Al limite si può dire che, quello che presentate alla commissione, in un contesto classe reale durerebbe più minuti per essere più efficaci, lasciare spazio a domande, alla lezione dialogata ecc.

Non abbiamo certezze, ma crediamo che nemmeno il Ministero (o comunque i commissari che vi valuteranno) abbiano così chiara questa definizione di "lezione simulata". Di certo avrebbero potuto essere più chiari nel bando. Purtroppo diversi commissari potrebbero darne diverse interpretazioni (speriamo di essere smentiti).
Lezione simulata vuol dire far finta di essere in classe, parlare come fossimo davanti agli alunni? Ci sembra una interpretazione troppo estrema, che rischia di essere controproducente. Intanto una lezione dura un'ora, non 20 minuti, quindi al limite potete proporre uno spezzone di lezione simulata. Al vostro posto cercheremmo di concentrarci maggiormente su come volete presentare alla classe l'argomento estratto, ma continuandolo a inserire all'interno di

una UDA, avendo ben chiaro dove collocarlo nel curricolo, a che tipo di classe la presentate, come la intendete valutare. Magari dedicateci slide meno approfondite, o passate velocemente le slide sul contesto dicendo alla commissione che andate al cuore della lezione ma che, se ritengono utile un approfondimento sul contesto, tornerete a quelle slide per approfondirle. Insomma, fate capire che siete consapevoli che vi inserite in un contesto più ampio con la vostra lezione, e anche per voi sarà utile aver in testa un tipo di classe, una certa realtà territoriale, i luoghi fisici dove insegnate ecc…, aiuterà a rendere la vostra lezione più credibile, meno teorica.

Proprio per questi motivi ripresentiamo anche in questo manuale le indicazioni per la realizzazione di UDA (ricordatevi che sono indicazioni date in concorsi dove non era chiesta la lezione simulata)
Tutorial, siti web o manuali che spiegano come progettare un'attività didattica ne potete trovare molti, e vi invitiamo a darci un'occhiata. Questo nostro manuale non vuole essere alternativo, e anzi non saremo così approfonditi. Cerchiamo comunque di fornire qualche indicazione.

IL CONTESTO

Un'attività didattica non è solo "progettazione". Prima di illustrare come proporreste ai ragazzi l'argomento scelto dovete inquadrare alla commissione il contesto in cui operate. Questa parte può essere più o meno approfondita, ma non può mancare. Può essere composta solamente da una o due slide dove si riporta brevemente un contesto classe (con attenzione ai BES – Bisogni Educativi Speciali), ricordandosi di darne una collocazione geografica. Oppure potete scegliere di inquadrare un territorio, spiegando eventualmente come questo possa avere influenza sui ragazzi e sulla didattica, potete presentare l'istituto, magari collegando in questo punto l'analisi degli spazi e strumenti a disposizione. E poi, più importante di tutti, il contesto classe! Questa è una parte che potete tranquillamente preparare prima delle 24 ore, adattandola al limite in caso di indicazioni sulla traccia (es. vengono forniti il numero di alunni, un caso di DSA specifico, ecc.).

Dilungarsi molto su questa parte, per quanto sarebbe effettivamente utile, può essere rischioso. I commissari sono certamente più interessati alla progettazione, e soprattutto dopo i primi giorni di orale avranno sentito questa parte già molte volte. Quello che secondo noi è davvero importante è che emerga la vostra consapevolezza che una buona progettazione didattica tiene conto dei ragazzi a cui si rivolge, e del loro ambiente. Ogni classe è diversa dall'altra. Ogni ragazzo è influenzato dall'ambiente in cui vive. Alcuni argomenti possono essere trattati in modo identico, mentre, ad esempio, parlare di rischio idrogeologico in una scuola di una realtà montana o in una classe di una città in pianura comporta un approccio ben diverso, in base a come i ragazzi già conoscono e percepiscono quel tema nella loro quotidianità.

È obbligatorio scegliere un vero istituto? No. Ma se ne conoscete bene uno consigliamo di sfruttare questa conoscenza, sarete più realistici. Se invece non avete mai insegnato, potete anche solo parlare di un generico istituto di quella realtà territoriale (almeno quella indicatela).

E la classe? La inventiamo o ne prendiamo una reale? In questo caso si possono tentare entrambi gli approcci. Inventare permette certamente di creare una classe ideale, senza infierire troppo sui punti di debolezza e creando un contesto favorevole che vi permetta di realizzare tutte le attività che avete in mente (qualche difetto però mettetelo, sarete più credibili). Scegliendo una classe reale, che avete avuto e con cui avete a lungo lavorato, vi dà però il vantaggio di immedesimarvi meglio nella progettazione che avete in mente, e capire cosa potrebbe funzionare e cosa meno, o quali accorgimenti adottare. Queste attenzioni sono importanti, è quello che vi troverete (o già vi trovate) a fare come docenti, e mostrare alla commissione di aver ben presente la difficoltà del vostro lavoro può giocare a vostro favore.

Non dimenticate di analizzare i bisogni educativi speciali, magari facendo qualche breve riferimento normativo. Alunni con disabilità, Disturbi Specifici dell'Apprendimento (dislessia, disgrafia, disortografia e discalculia), altri tipi di BES. Al giorno d'oggi è quasi impossibile trovare una classe senza alunni con questi bisogni. Potete scegliere di dedicarci più o meno tempo, quello che è importante (soprattutto se decidete di approfondire) è far sì che nella progettazione (e nelle valutazioni) si tenga conto di questi bisogni, degli obiettivi personalizzati del PEI o delle misure dispensative o strumenti compensativi previsti dai PDP. Insomma, la vostra progettazione deve essere inclusiva, basata sul contesto classe che avete presentato.

LE SCELTE CONTENUTISTICHE

Può essere utile presentare i contenuti oggetto dell'attività didattica già in una fase introduttiva di inquadramento. Qui non state ancora scegliendo come proporre l'argomento ai ragazzi, ma state inquadrando l'argomento in un contesto ben preciso. Ricordate che è importante far capire alla commissione che avete ben presente il mestiere di docente, che non si limita solamente a presentare un argomento in classe, ma che contestualizza tutto in un percorso didattico.

Quando presento questo argomento all'interno del curricolo? In quale anno? In quale mese? (ricordate di far combaciare il contesto classe. C'è una bella differenza tra una prima e una terza!). Su matematica questa scelta è abbastanza rigida, su scienze c'è più libertà del docente di affrontare alcuni argomenti prima di altri, purché vi sia una logica che siete pronti ad argomentare.

E poi ancora, quale materia coinvolge? All'interno di quale nucleo o unità di apprendimento? Può essere utile far capire da dove arrivate e dove siete diretti, quali lezioni hanno preceduto quelle che presentate, e cosa verrà dopo.

Legata a questo tema è l'individuazione dei prerequisiti necessari (li potete mettere qui, o quando nella progettazione verificherete i prerequisiti stessi, ma devono esserci!). Non è solo un esercizio di stile: la commissione sarà attenta a valutare se le attività da voi progettate siano adatte ai **prerequisiti** dei ragazzi, o se state proponendo qualcosa non alla loro portata.

Oltre ai prerequisiti, vanno poi analizzati gli **obiettivi specifici di apprendimento** (o.s.a.), sempre in una logica di studiare da dove siamo partiti e dove vogliamo arrivare nel nostro percorso didattico.

Prerequisiti e obiettivi possono anche essere analizzati in un'ottica di competenze, quindi non solo conoscenze ma anche abilità e atteggiamenti. Alcuni argomenti con attività manuali/laboratoriali si prestano meglio a questa suddivisione, anche se non tutte le commissioni potrebbero gradire un percorso così legato alle competenze già nella secondaria di primo grado (soprattutto se abituati a impostazioni più tradizionali).

Può essere infine importante prevedere dei collegamenti con altre materie (volendo anche scienza-matematica, entrambe di vostra competenza se A028), senza dimenticare la materia trasversale dell'educazione civica con le sue molte sfaccettature. La materia che normalmente ha più legami con A028 è quella di tecnologia, nulla vieta di cercare anche collegamenti con l'arte, l'italiano, la storia, la geografia, ma attenzione al far sì che questi collegamenti non siano mai forzati, e possano eventualmente trasformarsi in collaborazioni tra docenti.

LA PROGETTAZIONE

Per quanto siano importanti le analisi preliminari viste fino ad ora, il cuore della vostra presentazione è certamente legato alla progettazione delle attività didattiche, tanto più nella lezione simulata! Qui emergono le scelte più personali, il vostro metodo di insegnamento, la capacità di insegnare un argomento. Questo ultimo punto è molto importante. Non siete tenuti (solo) a dimostrare di sapere una materia, ma di essere in grado di farla capire. Qui la differenza tra uno studioso e un insegnante, e qui vi aspetta al varco la commissione.

Il bagaglio di metodologie da cui attingere è molto ricco. Solo l'esperienza vi porterà a prediligerne alcune rispetto ad altre, aggiornandovi e modificando con il tempo il vostro modo di insegnare. Non vi è una ricetta perfetta in partenza, molto dipende da come siete voi, da come sono i ragazzi, da che argomento state trattando, dall'ambiente…
Quello che però è davvero importante è che, qualsiasi strada decidiate di prendere, questa sia frutto di un'attenta riflessione, e che siate in grado di argomentare davanti alla commissione il perché delle vostre scelte.

Non intendiamo in questo manuale fare un riepilogo di tutte le metodologie di insegnamento, esistono manuali anche snelli ed economici che possono fare al caso vostro (ne parliamo in uno specifico capitolo). Di certo è bene che un docente conosca, almeno a grandi linee, l'evoluzione della pedagogia e della didattica, dalle conoscenze alle competenze, da una didattica tradizionalista basata sulla lezione frontale a una didattica più innovativa. Si può ancora proporre la classica lezione dove il docente spiega e i ragazzi ascoltano passivamente? Sì, ma deve essere ben argomentato il perché di una scelta più tradizionalista (ma che a tutti gli effetti è ancora portata avanti dalla maggioranza dei docenti in Italia) e magari limitata ad alcuni momenti specifici. Su materie STEM è poi davvero importante prevedere attività laboratoriali (in senso lato), non per forza esperimenti, ma attività che siano di stimolo all'alunno, da solo o in gruppo, che smuovano la sua curiosità e il suo atteggiamento propositivo, che aiutino la comprensione in modo attivo.

Una buona progettazione è poi scandita dai classici tempi di lezione scolastica. Essere troppo rigidi non è mai un bene, ma non si può nemmeno improvvisare. Un docente (o aspirante tale) deve mostrare di sapere collocare la sua progettazione in un orario scolastico, strutturare momenti tendenzialmente della durata di un'ora, massimo due (A28), conoscere quante ore settimanali di una certa materia sono previsti nella scuola secondaria di primo grado (con distinzione tra tempo normale e prolungato).

Tendenzialmente, le progettazioni proposte ai concorsi peccano per eccessivo numero di ore richiesto per uno specifico argomento. Questa cosa un po' è inevitabile, se si volessero trattare tutti gli argomenti come da "manuale", con una verifica di prerequisiti, laboratorio, lezioni, lavori a gruppi, verifiche... Anche qui è importante capire quanto la commissione accetti questa forzatura, l'importante è aver chiaro che il tempo scolastico non permetterebbe di trattare così in dettaglio tutti gli argomenti del programma in soli tre anni. Preparatevi per tempo alle possibili osservazioni che possono esservi mosse e siate pronti ad argomentare le scelte fatte, dimostrando consapevolezza delle differenze tra una simulazione al concorso e la realtà scolastica di tutti i giorni.

Può essere valutata positivamente la vostra capacità di **prevedere una reazione degli alunni**, una prova che li possa indurre in errore, una difficoltà riscontrata. Far vedere alla commissione che siete consapevoli delle possibili reazioni degli alunni, che le avete analizzate e siete pronti a gestirle è sicuramente un punto a vostro favore.

LA VALUTAZIONE

Come per gli altri argomenti, non tratteremo questo tema in modo esaustivo, e vi invitiamo a cercare i dovuti approfondimenti. Di certo ribadiamo l'importanza di prevedere un capitolo di valutazione nelle vostre presentazioni (o inserire la valutazione all'interno della progettazione se preferite), ricordandovi che valutazione è un concetto molto più ampio della verifica finale. La valutazione, infatti, come ricordato dal MIUR nelle indicazioni nazionali per il curricolo, "precede, accompagna e segue i percorsi curriculari". **Un docente valuta i suoi alunni in ogni momento**: dall'accertamento dei prerequisiti alla valutazione del percorso, l'attenzione in classe, l'essere attivo e propositivo nei laboratori, nei lavori a gruppo, la cura nei compiti e lavori a casa. Affinché questa valutazione sia il più possibile oggettiva, è bene fare ricorso a griglie e riferimenti tabellari, a volte messi a disposizione dal proprio istituto all'interno del PTOF (piano triennale dell'offerta formativa). Esistono anche griglie apposite per la valutazione delle competenze.

Dalle esperienze passate alcune commissioni sono molto attente su questo tema, così come agli aspetti legati ai BES, e quindi alle verifiche personalizzate per alunni con Piani Educativi Individualizzati (PEI), o agli strumenti compensativi e misure dispensative per i ragazzi con Piani Didattici Personalizzati (PDP).

ULTERIORI ASPETTI

La presentazione può essere poi arricchita di ulteriori elementi, anche a discrezione del candidato per cercare di creare un prodotto che sia personale, originale, e magari si distingua dai classici schemi. Tenete conto che una sola commissione potrebbe esaminare più di cento candidati, soprattutto se passate tra gli ultimi è fisiologica una certa stanchezza dei commissari, abituati a sentire ripetere schemi molto simili. Al contrario, chi passa tra i primi corre maggiori rischi nel cercare di essere originale, perché anche una presentazione standard non corre il rischio di annoiare (ed è consigliata dato che non conoscete ancora le preferenze di chi vi deve giudicare).
A questo proposito, meglio non avventurarsi in presentazioni troppo lunghe se non siete sicuri che le commissioni le accettino, perché se è vero che il tempo complessivo del colloquio (domande e inglese compreso) è di 45 minuti e solo la metà da bando è dedicata alla lezione. Forse qualche commissione sarà più elastica, ma se dopo 20 minuti non siete

in dirittura d'arrivo potrebbe (condizionale d'obbligo) venirvi chiesto di cercare di terminare.

In tal senso può essere utile capire, nel momento della prima estrazione, se la commissione intende fornire suggerimenti sulla lunghezza desiderata. Uno stratagemma efficace può essere quello di prevedere degli approfondimenti a fine presentazione e chiedere ai commissari se vogliano che vengano trattati, o se rimarranno solo agli atti nel PDF che lascerete loro.

Abbiamo parlato di PDF, è consigliabile avere sempre una versione in questo formato. Salvo indicazioni diverse si può anche presentare in Power Point, ma maggiori sono i rischi di perdita di formattazioni e impaginazioni da un computer a un altro (o a una LIM o Digital Board), e anche per questo le animazioni possono risultare rischiose. Se è presente una connessione nell'istituto è anche possibile inserire dei link per brevi contenuti web o accedere a simulatori (es. PHET), ma è meglio verificarlo preventivamente per non rischiare.

Se avete la fortuna di poter assistere a degli orali prima del vostro, è consigliabile studiare anche l'ambiente dove si svolgerà la vostra presentazione: la grandezza della LIM o della superficie di proiezione, la distanza dei commissari da questa (es. per la dimensione minima dei caratteri), la vostra disposizione rispetto ai commissari ecc., meno sorprese dovrete affrontare quel giorno, meglio sarà per voi.

Cosa poter ancora inserire in una presentazione? Ad esempio, un quadro normativo, un riferimento alle competenze chiave europee, all'Agenda 2030, agli obiettivi generali, alle indicazioni nazionali per il curricolo, ai documenti dell'Istituto, alle teorie pedagogiche, ai contenuti in lingua inglese...

Proprio riguardo ai contenuti in lingua straniera (non per forza solo inglese), i cosiddetti CLIL, sarebbe importante capire se il membro della commissione di lingua straniera gradisce queste parti, o se ritiene che solo un docente con certificazione CLIL dovrebbe trattare argomenti in inglese (o ancora peggio ritenga che sia suo compito esclusivo di docente di inglese, nell'istituto, insegnare in quella lingua).

In allegato al fondo del manuale, trovate la presentazione spiegata di Luca Prof!, consultabile integralmente anche sul suo canale YouTube, sia nel video in cui si raccontano le strategie per realizzarla, sia nel video-simulazione di orale, come fosse davanti alla commissione. Nello stesso canale Youtube la presentazione di Andrea, primo classificato STEM '21 in Piemonte (a28) anche questa con simulazione di orale di fronte alla commissione.

9- LE 24 ORE PRIMA DEL COLLOQUIO

Siamo arrivati al momento decisivo: l'estrazione della traccia. Da lì iniziano 24 ore cruciali, sia per la vostra presentazione, sia per la vostra tenuta fisica e psichica. Il tempo sembrerà volare, ed è meglio pianificare in anticipo e nel dettaglio questo momento.

Inutile sottolineare quanto sarebbe importante essere totalmente liberi da impegni in quelle 24 ore, per potersi dedicare esclusivamente alla presentazione. Il periodo estivo può facilitare l'assenza di impegni lavorativi se siete docenti, magari con contratto fino a fine lezioni e senza esami. Sarebbe importante anche organizzarsi con coniuge, nonni o chi per essi in caso di figli piccoli in casa. Anche avere già pranzo e cena pronti può essere un buon aiuto, o qualcuno che vi accompagni in macchina all'esame (sono solo esempi, in generale è consigliabile ridurre al minimo ogni elemento che ci sottrae tempo senza distrarci in modo positivo).

Primo aspetto fondamentale: capire la logistica che volete attuare, farvi una strategia. Le possibilità sono essenzialmente tre, anche in base alla distanza della vostra abitazione dal luogo d'esame:

1) Andare di persona a prendere la traccia, tornare a casa e preparare tutto
2) Attendere da casa la comunicazione via mail
3) Prendere una camera d'albergo vicino al luogo della prova e presentarsi all'estrazione

Essere presenti di persona può recare qualche vantaggio se i commissari presenti all'estrazione decidono di fornire anche qualche spiegazione verbale. Questo è molto importante per i primi che passano, poi in teoria le raccomandazioni saranno sempre le stesse. Se la sede di estrazione ed esame dista un'ora o più da casa vostra, forse è preferibile attendere la mail per essere subito pronti, scoperta la traccia, a mettervi all'opera. Quell'ora persa in macchina, con mille pensieri nella testa e impossibilità di consultare testi e internet può essere un autogoal. Prendere una camera d'albergo (controllate che abbia wi-fi in camera) è una valida alternativa, dipende anche dalla vostra capacità di concentrarvi in un ambiente nuovo, magari senza tutti i libri che avreste a casa (anche se qualche collega ha viaggiato con trolley carichi di volumi pur di non privarsi di nulla). Un'alternativa può essere quella di farsi ospitare da qualcuno che conoscete nei paraggi, ma in tal caso garantitevi di avere a disposizione totale tranquillità per le 24 ore.

Secondo punto: la vostra reazione alla traccia estratta. Tendenzialmente è un momento che manda in crisi. Se non si conosce bene l'argomento si va nel panico, se lo si conosce molto bene si ha paura di presentarlo in un modo non adatto a dei ragazzi. Ci sarà sempre l'istinto di pensare di essere stati sfortunati, che poteva andare meglio. In realtà quasi sicuramente sarebbe potuta andare peggio, e ci sono un sacco di argomenti su cui non eravate sicuri e che avete evitato. Cercate di aggrapparvi a questi pensieri positivi, ne avete bisogno, dovete partire carichi e fiduciosi, passando anche da gesti concreti che stimolano positività: ad esempio, se per A28 esce una traccia di matematica, potete liberarvi di tutti i volumi di scienze, con un atto simbolico che vi aiuta a capire quanto il vostro campo di azione si sia ridotto. E poi ricordate: qualsiasi argomento, anche il più ostico, deve essere presentato a ragazzi delle medie (o in ogni caso a dei ragazzi), e quindi in modo semplice, intuitivo. Non è un esame universitario sull'argomento estratto!

Altra raccomandazione fondamentale. In quelle 24 ore dovete dedicarvi solo alla prova estratta. I ripassi sulla materia verteranno solo su quello, non perdete tempo a rivedere parti generali o ripassi di tutto l'immenso programma. Anche se non vi sentite sicuri, ormai è tardi (o più probabilmente sono vostre ansie), concentratevi su ciò che siete certi vi verrà chiesto: l'argomento della lezione simulata e la sua presentazione.

Ok, adesso avete la traccia, fate un bel respiro, superate l'emotività e l'eventuale sconforto e siate razionali. Prima cosa riguardatevi l'argomento, anche se lo conoscete già, guardate come i libri di testo delle medie lo affrontano, se possibile confrontando anche diversi testi, vedete se vengono proposte prove pratiche o approfondimenti didattici, collegamenti con altre materie, spunti di educazione civica, CLIL o tutto quello che si trova generalmente al fondo delle unità di un libro. Nel frattempo, potete aver chiesto supporto al vostro gruppo WhatsApp. Consigliamo, prima di postare la traccia su una chat, di focalizzarvi sulle vostre necessità onde evitare una marea di messaggi di cui forse non avete nemmeno bisogno (magari cercate solo un suggerimento su un'attività di laboratorio, una collocazione nel curricolo, un riferimento CLIL…).

Visto che parliamo di gruppi WhatsApp, e bene avvisare che se passate in tanti lo stesso giorno possono arrivare una raffica di messaggi tutti insieme, e selezionare cosa ci sia di interesse lì dentro rischia di farvi perdere tempo e calma. Potete chiedere a un amico o un altro collega nel gruppo di selezionarvi per voi i messaggi di interesse, potete organizzare con colleghi piccoli gruppi personalizzati per l'orale (ricambiando poi ovviamente il favore), o chiedere che i messaggi vi vengano inviati privatamente (anche se così altri colleghi non possono collegarsi per approfondire, correggere, integrare ecc.)

A questo punto, dopo il ripasso e i primi consigli, è utile pianificare una progettazione, la vostra LEZIONE SIMULATA. Questa ovviamente non avete potuto preparala in precedenza, a differenza di altri elementi dell'UDA. Qui si rischia di perdere tanto tempo, di non essere mai soddisfatti, di fare e rifare inutilmente. Fissatevi un limite, confrontatevi coi colleghi se ne avete necessità ma poi prendete una strada. Sprecare tempo qui vuol dire andare lunghi con il Power Point, lavorarci inevitabilmente la notte e (a meno che non siate "animali notturni") iniziare a esaurire le vostre preziose energie per l'indomani. Un candidato che si presenta sfinito all'orale non dà una buona impressione di sé, è innegabile.
Pianificata l'attività inseritela nello scheletro di presentazione, guardate che sia consona al contesto classe (potreste crearvi nei giorni precedenti più contesti classe per non perdere tempo ad addarlo).

Una volta terminata la presentazione, cercate di ripeterla almeno una volta (meglio due), cronometro alla mano. Si vedrà con l'inizio dell'orale o con indicazioni delle commissioni quali saranno i tempi richiesti ufficialmente, se non avete indicazioni del genere non superate i 20 minuti, se succede riducete qualcosa, non tentate di parlare più velocemente per dire tutto. Sfoltire un po' i discorsi generali che tendenzialmente interessano meno, focalizzatevi sulla lezione. Se invece non vi sentite così forti sull'argomento, idee brillanti, personali, acute su temi anche generali possono fare buona impressione sulla commissione, ma in questo concorso forse meno che in passato. La progettazione della lezione deve essere il cuore della presentazione.

E poi, per quanto facile a dirsi e difficilissimo a farsi, cercate di riposare il più a lungo e meglio possibile. Arrivare lucidi alla presentazione è fondamentale. Meglio un'ora di sonno in più e una slide in meno, o meno curata. Fidatevi. In tal senso diventano fondamentali anche le ore e i giorni precedenti l'estrazione della traccia. Cercate di fare in modo che siano leggere, non studiate come dei matti fino a poco prima dell'estrazione traccia, avete bisogno di essere lucidi e riposati. Se il concorso cadrà nei giorni lavorativi valutate le possibilità di permessi che vi sono concesse, pianificate anche le vostre attività di docente per avere dei giorni più leggeri prima del concorso.

10 – IL GIORNO DELL'ORALE

Ecco il momento di presentarsi davanti alla commissione. Portatevi almeno due chiavette col PDF, non si sa mai, e fate in modo che questa sia facilmente recuperabile online. Se presentate direttamente il Power Point o Canva abbiate comunque una presentazione esportata in PDF, il file più leggibile da ogni PC senza rischiare brutte sorprese di compatibilità, mancanza di connessione, impaginazioni impazzite.

Quando vi presentate ricordate che, prima ancora di parlare, state lanciando segnali non verbali alla commissione. Come vi vedono? Decisi o insicuri, agitati o calmi, preoccupati, sicuri di voi? E come vi vedranno durante la presentazione, al di là del contenuto delle vostre parole?
Un commissario potrebbe valutare questi atteggiamenti, perché in fondo il mestiere del professore è fatto anche di questo: un certo modo di porsi davanti alla classe, una capacità di attirare l'attenzione, con una presenza anche scenica, un tono di voce che non annoia, una proprietà di linguaggio ecc. E in ogni caso, anche se un commissario non si è prefisso di giudicare direttamente questi aspetti, il modo di porsi può condizionare più o meno consapevolmente chi ci valuta (come può capitare anche a noi con i nostri alunni).

Ovvio, il contenuto è predominante, ma non concentratevi solo su questo, non tenete gli occhi sempre fissi sullo schermo, reinterpretate quanto scritto nelle slide per non dar l'impressione di leggere ad alta voce (NON LIMITATEVI A LEGGERE LE SLIDE!) cercate un contatto visivo con la vostra commissione.

Può succedere che veniate interrotti, durante la presentazione, da domande, osservazioni, o magari perfino da critiche. Qualsiasi cosa vi venga detta, non reagite male ma valutate cosa vi si sta chiedendo. Rispondere di getto è un gesto istintivo, e perlopiù rischioso. Se siete convinti di quello che avete presentato, argomentate le vostre ragioni, la strategia che vi ha portato fino a lì, anche se i commissari sembrano pensarla diversamente (ovviamente con garbo e senza arroganza, come vorreste che un vostro studente argomentasse una tesi che non vi trova in accordo). Magari vi stanno mettendo alla prova, e in ogni modo c'è la possibilità di avere visioni diverse su certi aspetti. Se invece vi accorgete che la critica mossa è corretta, non arrampicatevi sugli specchi, ma cercate il modo più elegante per dare ragione alla commissione senza svalutarvi, cercando di comunque di argomentare le scelte (data l'importanza del contesto e la difficoltà della prova, è normale e umano non aver ragionato a sufficienza su ogni aspetto!).

La cosa però davvero importante è quella di non iniziare un battibecco con i commissari che vi devono giudicare, anche se aveste ragione, ci rimettereste solo voi. Portate le vostre ragioni, ma ricordate che siete tendenzialmente più inesperti di chi vi giudica. Potete difendere una vostra idea, ma facendo appunto capire che è una vostra opinione, magari legata a una vostra esperienza, che in effetti ci sarebbero altre vie percorribili… insomma, non chiudetevi a riccio, non siate arroganti, non perdete la calma anche di fronte a un commissario indisponente. Avrete modo di sfogarvi una volta usciti da quella stanza.

Oltre alla presentazione che dovrà rappresentare un po' la

vostra "confort zone", perché esponete quello che voi avete preparato, su cui vi siete concentrati nelle 24 ore, ci sarà poi la parte di domande, quest'anno obbligatorie. Il bando parla al plurale ma non si capisce se sia un plurale rivolto al singolo candidato. Non c'è scritto che le domande siano in un numero definito. Di certo ci sarà una parte obbligatoria in inglese, livello B2 (con eccezione per cdc linguistiche). A logica le domande generali dovrebbero seguire la presentazione, anche per dare modo al docente di rompere il ghiaccio con la lezione simulata, di imparare a conoscerlo, magari farsi incuriosire da alcuni aspetti che vorranno approfondire (anche se vi ricordiamo le domande da estrarre sono preparate prima della vostra prova, non avranno attinenza con la lezione simulata a meno di fortuite coincidenze). Iniziare l'orale con le domande metterebbe certamente più in difficoltà, ma ci raccomandiamo, anche se non dovessero andare bene, proseguite determinati con la presentazione, non lasciatevi vincere dallo sconforto, risollevati con la presentazione. Aspettate di uscire dall'aula per sfogarvi, piangere, disperarvi (tutte cose che possono succedere, ma non davanti alla commissione).

Il bando dice, in riferimento alle domande che vi verranno poste, che "tali quesiti sono proposti a ciascun candidato previa estrazione a sorte all'inizio della prova".
Pensiamo si intenda che ogni candidato estrae all'inizio della propria prova, anche perché sarebbe ingiusto estrarre tutte le domande a inizio sessione orale di ciascuna giornata, dove chi passa non per primo ha tempo di ripassare.
Anche qui, se estraete una domanda che vi manda in totale crisi, e vi viene chiesto di iniziare con la presentazione della lezione simulata, trovare tutte le risorse che avete per non farvi condizionare da pensieri negativi, dimostrate quanto valete con la vostra lezione simulata, poi affronterete il resto. Un problema alla volta.

Per la parte di inglese, ogni commissario può chiedere un po' quello che vuole sul vastissimo programma dell'allegato A, domande sull'argomento, sulla metodologia, sulle scelte didattiche, potrebbe portarvi un testo da leggere e commentare riguardo l'argomento estratto, potrebbe chiedervi riguardo la metodologia CLIL tanto più se ne parlate in lezione simulata (tutti esempi realmente accaduti negli scorsi concorsi). Potrebbe essere utile aver ripassato un po' di vocabolario inerente alla vostra prova, e più di tutto aver studiato cosa è stato chiesto ai colleghi passati prima di voi.

Nei passati concorsi la prova in inglese concludeva l'orale, e con tutta probabilità continuerà a essere così. Gli altri commissari a volte tendono perfino a distrarsi e prendere quei minuti come attimo di pausa mentale. Nelle griglie dovrebbe essere definito il punteggio di inglese, in passato era 10 punti max. sui 100 totali. Molti colleghi vivono con ansia questo momento, ma tenete conto che è abbastanza a sé stante, che incide davvero solo su quei 10 punti. I commissari sentiranno di tutto, compresi molti docenti che faticheranno a mettere insieme una frase elementare in lingua straniera. Se siete su CDC non linguistiche in fondo è più importante che abbiate fatto bene il resto della prova. Unica accortezza, se di inglese avete difficoltà, evitate di parlare della metodologia CLIL nella vostra presentazione.

11 – LA PROVA PRATICA

Eccoci arrivati alla prova per molti più temuta, e purtroppo anche quella dove è più difficile dare indicazioni generali: la prova pratica. Il consiglio dato è quello di esercitarvi il più possibile provando tutti gli esperimenti che trovate sui libri o online, magari su elenchi raccolti insieme al vostro gruppo di lavoro. Non si tratta solo di esperimenti, ma prove pratiche di qualsiasi genere, che rispetto allo Stem 2021 (dove in alcune regioni le tracce sono state estratte 24h prima) conoscerete solo il giorno stesso della prova

"La traccia per ciascun turno di prova pratica è estratta all'atto dello svolgimento della stessa. Le tracce estratte sono escluse dai successivi sorteggi"

Da bando (allegato A) queste prove pratiche dovrebbero riguardare solo alcune materie (parliamo di A28, per altre CDC guardate il capitolo "in cosa consiste la prova pratica" o ancor meglio direttamente l'allegato A)

La prova pratica consiste in un'esperienza di laboratorio afferente all'area delle scienze chimiche, fisiche, biologiche e naturali, con riferimento ai contenuti previsti nel programma concorsuale. Il risultato deve essere descritto e commentato in un'apposita relazione scritta. Durata della prova: 3 ore

Sembrerebbe dunque esclusa la matematica.
Rimangono ad ogni modo centinaia di esperienze possibili, come ridurre un po' il campo? Mettetevi nei panni della commissione e ragionate su quali esperienze vorranno farvi provare: difficilmente si prenderanno il rischio di mettere dei candidati in condizione di pericolo. In qualche modo ne potrebbero risultare responsabili, e non hanno certamente voglia di correre tale rischio. Con lo stesso criterio è difficile che vi diano in mano strumentazione di elevato valore (sempre ammesso che ne esista nei nostri poveri laboratori!). Anche

esperimenti che richiedono tempi lunghi possono essere affrontati al limite in via teorica, nella relazione. Quando poi verrà definita la sede di prova, potrete indagare sulle caratteristiche del laboratorio e della sua strumentazione (anche se potrebbe essere portato del materiale apposito per il concorso).

Non è ancora dato sapere, salvo indicazioni dell'USR, se la prova pratica verrà valutata solo dalla relazione scritta (prevista da decreto e quindi certa) o se la commissione vi chiederà anche di proporre (e eventualmente commentare) davanti a loro, concretamente, l'esperimento.

Vi sarà fornita presumibilmente una scaletta, on un format standard di relazione. Vi forniamo tre esempi dallo STEM '21, mentre in allegato a questo manuale formiamo l'esempio di relazione della traccia svolta da Luca Prof! al suo concorso A28.

1. Titolo
2. Materiali e strumenti utilizzati
3. Prerequisiti teorici
4. Obiettivi
5. Procedimento
6. Osservazione, raccolta e elaborazione dati
7. Conclusioni
8. Percorso didattico in cui la prova potrebbe inserirsi (anche in riferimento a percorsi interdisciplinari)

***

1. Obiettivi
2. Cenni teorici sull'argomento
3. Materiale utilizzato
4. Procedimento
5. Dati sperimentali ed elaborazione
6. Discussione dei risultati
7. Conclusioni
8. Eventuali grafici e disegni

1. Obiettivi dell'esperienza
2. Materiali utilizzati
3. Procedimento
4. Osservazioni, raccolta e elaborazione dati
5. Considerazioni e conclusioni

***

1. Obiettivi dell'esperimento
2. Cenni teorici: quali argomenti e settori servono da introduzione agli argomenti relazionati
3. Materiale utilizzato
4. Descrizione dell'apparecchiatura e eventuale disegno
5. Procedimento
6. Dati sperimentali: costanti, misure, tabelle
7. Elaborazione dei dati sperimentali
8. Discussione dei risultati

(nb. Scaletta di prova pratica a scelta del candidato inerente all'argomento estratto con 24 ore di anticipo. Condizione diversa da quanto previsto nel 2024)

Allenatevi, quando provate a fare gli esperimenti, a scrivere qualche relazione, per abituarvi anche a contestualizzarla in un percorso didattico. Cerchiamo di fornirvi un esempio nell'allegato 2 del presente manuale.

Ricordate, non si sta valutando solo la vostra capacità di realizzare un esperimento, ma la vostra capacità di spiegare un argomento, o approfondirlo, mediante una prova pratica, se possibile realizzata direttamente dai ragazzi, magari attivando un percorso di "learning by doing".

O almeno, questo è quanto il buon senso raccomanderebbe in un concorso per docenti. Ci sono arrivate purtroppo segnalazioni in passato di commissioni che hanno richiesto (speriamo indicandolo almeno prima di cominciare) che la relazione fosse di tipo scientifico e non affrontasse le questioni metodologiche sul perché viene proposto questo esperimento, con quali finalità didattiche, in che contesto ecc. Certo, nella relazione la descrizione dell'esperimento deve essere centrale, ma a meno di indicazioni (esplicite o dedotte) della commissione, inserirla in un quadro didattico per noi è importante. Anche in questo caso cercate di capire cosa valuta positivamente o negativamente la commissione, anche se rispetto al colloquio sarà più difficile comprenderlo perché non avrete letto le relazioni (mentre ai colloqui potete aver assistito).

Altro fatto importante: ricordate che (così come per il colloquio) potete passare l'orale anche se prendete un voto basso in una prova, purché la media finale sia di almeno 70.
Una prova pratica conclusa quindi con 60, 50 (teoricamente anche 40) può ancora essere recuperata!
Ogni punto diventa quindi importante, e anche se con un'estrazione sul momento vi trovate in difficoltà, provate a sperimentare voi stessi con il materiale che vi viene consegnato, immaginate che attinenza potrebbe avere con l'argomento della prova, cosa i ragazzi potrebbero scoprire, o almeno intuire. Anche se siete poco convinti del procedimento e delle conclusioni, curate le altre parti, tipo i cenni teorici sull'argomento se richiesti.

Un'ulteriore strategia per prepararsi alle prove (pratica ma anche colloquio) è quella di analizzare le griglie di valutazione del ministero per il concorso "QUADRO DI RIFERIMENTO DELLA PROVA ORALE DELLE CLASSI DI CONCORSO". Al momento in cui scriviamo non sono ancora pubblicate, ma lo dovranno essere prima della prova. In ogni caso è presumibile saranno molto simili alle griglie del 2021 a cui facciamo riferimento in questo manuale.

Esempio di griglia 2021 (potete cercarla completa online per farvi un'idea)
La prova pratica era divisa in quattro ambiti, ognuno con un suo indice

1.   Competenza progettuale e padronanza dei contenuti:

Conoscenza dei nuclei fondanti della/e disciplina/e e capacità di progettazione, relativamente alla prova assegnata.

2. Uso di metodologie, strumenti e tecniche: Capacità di individuare una corretta strategia risolutiva con particolare riferimento all'uso appropriato delle metodologie sperimentali, degli strumenti e delle tecniche specifiche.

3. Analisi e rappresentazione dei risultati: Capacità di rappresentazione/visualizzazione e analisi dei risultati, anche in una eventuale prospettiva interdisciplinare

4. Argomentazione, documentazione e uso del linguaggio di settore: Capacità di documentare la prova assegnata in modo chiaro e argomentato, utilizzando il linguaggio specifico della/e disciplina

Vediamo adesso due ipotesi di punteggio in base ai descrittori di livello, una nel caso si cerchi di ottenere il massimo punteggio, un'altra nel caso di punti ad arrivare almeno a un 50/60 per sperare di compensare con l'orale.

Massimo punteggio:
1. Progetta la prova assegnata in modo appropriato e dettagliato, evidenziando conoscenze e competenze disciplinari ampie e approfondite

2. Realizza la prova in modo appropriato e contestualizzato, basandosi su conoscenze e competenze metodologiche, strumentali e tecniche approfondite

3. Analizza e rappresenta i risultati della prova assegnata in modo appropriato e approfondito

4. Documenta la prova in modo ben strutturato, utilizzando un lessico ricco e appropriato

Punteggio da 50 a 60
1. Progetta la prova assegnata in modo disorganico e confuso, basandosi su conoscenze e competenze

disciplinari generiche e/o imprecise

2. Realizza la prova in modo disorganico e confuso, basandosi su conoscenze e competenze metodologiche, strumentali e tecniche generiche e/o imprecise

3. Analizza e rappresenta i risultati della prova assegnata in modo generico e/o impreciso

4. Documenta la prova in modo schematico e con inesattezze sintattiche, lessicali o tecniche

Come vedete, nel secondo caso, per arrivare a un punteggio basso ma recuperabile con l'orale non è necessario fare una grande prova, l'importante è cercare di inventarsi qualcosa, non lasciare il foglio in bianco, non abbandonare la prova perché convinti di non essere in grado di svolgerla.

Il punto 4 risponde anche alla domanda che spesso ci si può porre: "devo fare una presentazione tecnica a livello universitario o a livello di un ragazzo delle medie?". Il lessico deve essere il più possibile "ricco e appropriato", chi leggerà – e valuterà – la relazione è un gruppo di esperti. Quello che deve essere semplice e alla portata di un ragazzo è il tipo di esperimento, i prerequisiti richiesti, gli obiettivi che si vogliono raggiungere, il percorso didattico nel quale inserite l'attività pratica.

Vi riportiamo infine alcuni esempi di tracce consegnate in diverse regioni nel 2021 per A28, tenete però conto che le vostre commissioni potrebbero decidere per scelte differenti (non solo di argomento, ma proprio nella scaletta, contesto, ecc.)

CHIMICA: DENSITA' DEI LIQUIDI

In base ai materiali forniti (acqua, alcool, detersivo per piatti) il candidato realizzi un'esperienza sulla densità dei liquidi in un percorso didattico.
Si produca una relazione sintetica (max. 2 pag A4) che:
- individui la classe di destinazione

- evidenzi i nuclei fondanti della disciplina
- illustri le metodologie e strumenti adottati
- analizzi e rappresenti i risultati ottenuti

IL DISCO DI NEWTON

Il candidato, utilizzando il materiale messo a disposizione, realizzi un'esperienza pratica di laboratorio sul tema indicato.
Materiale a disposizione: foglio di cartoncino bianco; matita nera; set di matite colorate; forbici; bicchieri.
Il candidato rediga, quindi, una relazione di massimo due facciate che includa i seguenti punti (vedi primo elenco di scaletta in questo capitolo)

INCLINAZIONE DEI RAGGI SOLARI

Osservazione dell'inclinazione dei raggi solari con materiali forniti dalla commissione e progettazione di un percorso didattico. Il candidato in una sintetica relazione individui e descriva le caratteristiche del sistema osservato ed evidenzi i contenuti disciplinari inerenti; progetti lo sviluppo di un itinerario didattico indicando i criteri di programmazione, preparazione, esecuzione contestualizzato in una classe con un alunno con discalculia.

CAPILLARITA'

Con i materiali disponibili (bicchieri di plastica, colorante alimentare, acqua, carta assorbente o pannocarta) il candidato, durante lo svolgimento dell'esperienza, dovrà redigere una sintetica relazione

Riportiamo qui un elenco (non esaustivo!) di possibili esperimenti, un po' tratti da vere prove STEM '21 (alcuni con 24 ore di tempo per realizzarli), alcuni tratti dai libri di testo, o suggerimenti nei gruppi WhatsApp.
Divisi per materia, in ordine alfabetico. La loro abbondanza può spaventare, ma tenete conto che ogni argomento trattato coi ragazzi può (con più o meno facilità) tramutarsi in un'attività laboratoriale per i ragazzi.

FISICA

-Attrito
-Baricentro e legge di gravità
-Circuiti elettrici e legge di ohm
-Come costruire una bussola
-Comprimibilità dei gas
-Corrente e campo magnetico (effetto magnetico della corrente)
-Costante elastica della molla (Hooke)
-Costruzione di un modello di Atomo
-densità liquidi
-dilatazione termica liquidi e aeriformi
-Elettrizzazione dei corpi (strofinio, contatto, induzione)
-Elettrocalamita (realizzazione del solenoide)
-Il galleggiamento
-Il moto rettilineo uniforme
-il pendolo
-Il piano inclinato
-Il torchio idraulico
-Illusioni ottiche
-La caduta dei gravi
-La riflessione
-La rifrazione
-La sintesi additiva e sottrattiva dei colori

-Le leve
-magnetismo
-Magnetismo con calamita e limatura di ferro
-Materiali isolanti e conduttori
-Misurare la velocità
-misure dirette e indirette
-Misure, unità di misura, errori
-Onde elastiche (acustica) e il diapason
-passaggi di stato
-peso specifico liquidi
-Pressione di acqua e aria
-Pressione idrostatica (legge di Stevino)
-Proporzionalità diretta tra grandezze fisiche
-rifrazione della luce
-scomposizione e ricomposizione della luce
-Spinta di Archimede
-Taratura di un termometro e misurazione della temperatura
-tensione superficiale
-Trasformazione isobara (legge Gay-Lussac)
-Vasi comunicanti
-Volume di una goccia d'acqua
-Volume solidi irregolari

CHIMICA

-Abbassamento crioscopico
-acidi e basi da metalli e non metalli
-acidi e basi, reazioni chimiche
-Acidità dell'acqua piovana
-Combustione dello zucchero
-Combustione di una candela
-Conducibilità elettrica dell'acqua (con sale e senza sale)
-cristallizzazione di soluzioni sovra-sature
-Cromatografia
-Determinazione della CO_2 da

bicarbonato e aceto
-Enzimi (catalisi)
-estrazione pigmenti vegetali
-Fabbricazione di un indicatore con i petali di geranio rosso
-fermentazione alcolica
-Fermentazione alcolica (con zucchero e lievito)
-Innalzamento ebullioscopico
-La conservazione della massa nelle reazioni chimiche
-Legge di Lavoisier
-Miscugli e composti

-Mole, unità di massa atomica, numero di Avogadro
-Osmosi (patata o uovo)
-Ossidazione della mela
-pH con il cavolo rosso
-Pila di Volta con i limoni
-Pila in cucina (pila elettrica con il limone)
-Preparazione di miscugli e soluzioni, osservazioni
-Reazione Cu e Zn con HCl
-Reazioni chimiche: monete di rame con aceto
-Reazioni di precipitazione e riconoscimento di ioni metallici

-Ricerca della Vitamina C
-Saggi alla fiamma
-Saponificazione
-Separazione dei diversi tipi di plastica
-separazione miscugli eterogenei
-Solubilità di alcune sostanze in acqua
-Sublimazione e brinamento
-Tensione superficiale dell'acqua
-Titolazione acido-base
-Trasferimento di elettroni tra alluminio e argento (redox)
-trovare il calcare nei materiali

BIOLOGIA

-Apparato radicale
-Applicazioni di genetica
-Attività enzimatica: la catalasi
-Calcolo dell'energia dei cibi (contenuto calorico)
-Capillarità
-Cellule al microscopio
-Coltura di alghe dal suolo
-Come funziona la vescica natatoria
-Contaminazione ambientale con piastre da contatto
-Costruzione di modelli di articolazioni
-crescita del lievito
-Descrizione della sezione di un fusto di gimnosperma
-Determinazione dei gruppi sanguigni
-Determinazione dei lipidi negli alimenti
-digestione amidi cotti
-Digestione chimica: effetto della saliva
-Effetto del cibo sui denti
-Elettroforesi DNA
-Estrazione della clorofilla
-Estrazione DNA cellula vegetale

-Fototropismo nelle piante
-Il tessuto osseo
-Individuazione della vitamina c con amido e tintura di iodio
-La fotosintesi
-La mitosi con la cipolla
-La respirazione cellulare (acqua di calce)
-La saliva
-L'effetto del fumo sui polmoni
-Osmosi
-Osservazione al microscopio
-osservazione micro e macroscopica dei funghi
-Osservazione vetrino con spore di felce e polline
-punto di saturazione
-Riconoscimento del glucosio
-Realizzazione del modellino di cuore o polmoni
-riconoscimento carboidrati - semplici e composti negli alimenti
-riconoscimento proteine con reattivo di Fehling
-Sistemi di colture batteriche con gelatine
-Trasporto della linfa col sedano

SCIENZE DELLA TERRA

-acqua nel suolo
-Eclissi di Sole e Luna
-Effetto serra
-Formazione di cristalli (stalattiti, stalagmiti)
-I fenomeni atmosferici: la nuvola in bottiglia
-I fossili
-I moti convettivi
-I vulcani
-Il Sistema Solare: distanze e dimensioni
-inclinazione raggi solari
-La durezza dei minerali
-Le fasi lunari
-Modellino del ciclo dell'acqua
-Perché avviene un terremoto
-Permeabilità del suolo
-Proprietà chimico-fisiche del suolo
-riconoscimento campioni rocce

12 – TESTI E RIFERIMENTI PER LO STUDIO

Consigliare dei testi (o altri riferimenti come video, e-book, siti ecc.) dove prepararsi per un concorso non è semplice. Ognuno ha il suo metodo di studio, ognuno ha le sue conoscenze pregresse ed è in cerca di qualcosa di diverso. C'è chi intende approfondire molto, chi cerca informazioni sintetiche e immediate.

Risulta poi difficile capire ogni docente quale budget è disposto a investire. Ovviamente per raggiungere l'ambito posto di ruolo potremmo essere spinti a spendere anche più del necessario, noi cercheremo di darvi consigli per non spendere troppo. I prezzi sono riferiti al 2022, potrebbero aver subito lievi modifiche in questi due anni.

Cerchiamo di dividere la preparazione dell'orale in diversi gruppi, e vedere secondo la nostra esperienza cosa possa essere utile o meno, con riferimento a A28. Suddividiamo così le conoscenze/abilità richieste dal concorso:

1. Normativa e governance scolastica
2. Metodologie didattiche
3. Teoria delle scienze e della matematica
4. Attività pratiche delle scienze

Vi ricordiamo che, essendo conclusi negli scorsi anni due concorsi STEM, troverete molti colleghi che hanno comprato manuali e saranno disposti a venderli a buon prezzo o prestarveli, oltre a fornirvi i loro personali consigli.

1. NORMATIVA E GOVERNANCE SCOLASTICA

L'elenco della normativa richiesta lo trovate nella parte generale dell'Allegato A. Vi avvisiamo, è un elenco lunghissimo che fa subito passare la voglia di affrontare un argomento ostico e intricato come la normativa (col dubbio che poi chiedano davvero qualcosa a riguardo all'orale…)

Un approccio può ovviamente essere quello di studiare direttamente gli atti normativi citati. Se aveste moltissimo tempo e passione per il diritto sarebbe forse la scelta migliore, ma tendenzialmente lo sconsigliamo, cercando invece un manuale che ci guidi.

Legislazione scolastica – Simone Edizioni 20,00 €
Secondo noi può rappresentare il giusto compromesso tra la analisi e sintesi. Alcuni colleghi ne lamentano lo scarso approfondimento di alcune normative. Interessante i riferimenti sullo stato giuridico del docente (che è bene conoscere almeno a grandi linee).

Legislazione scolastica - Manuale e quesiti. (Le istituzioni scolastiche: normativa, ordinamenti didattici, governance) Edises edizioni 24,00 €
Meno conosciuto, non lo abbiamo provato direttamente ma sentito ricevuto buone recensioni da chi l'ha provato. Sarà più difficile trovarlo di seconda mano, può essere un'idea se il manuale precedente non vi convince.

Il manuale della Erikson "normativa scolastica" da 39,00 € ci pare una spesa eccessiva per il vostro scopo.

In alternativa, soprattutto per chi trascorre tanto tempo in auto, o preferisce ascoltare una lezione più che leggerla, vi consigliamo il canale YouTube "Formazione e diritto". Nei contenuti gratuiti trovate già un buon numero di video utili, che possono essere facilmente seguiti senza guardare il video. Volendo vi è un pacchetto a pagamento da 34,90 € (al momento in cui scriviamo) con 25 lezioni in 11 capitoli. Segue abbastanza fedelmente il libro della Simone Edizioni. Vedetelo come una possibile alternativa, non come un'aggiunta.

Un altro canale YouTube che tratta in modo approfondito la

normativa scolastica è "FuoriClasse".

Per quanto riguarda la governance scolastica, vi consigliamo inoltre di cercare sul sito dell'istituto dove intendete collocare la vostra presentazione l'elenco dei documenti e regolamenti (PTOF, regolamento di istituto, il RAV (Rapporto di autovalutazione), il PDM (Piano di miglioramento), carta dei servizi, patto di corresponsabilità. Possono essere utili ad aiutarvi nel contestualizzare meglio la presentazione, e possono essere citati nella bibliografia finale mostrando una vostra attenta ricerca in riferimento al contesto.

2. METODOLOGIE DIDATTICHE

Su questo argomento potete fare riferimento al materiale con il quale avete preparato la prova scritta, e probabilmente saranno aspetti meno richiesti all'orale, poiché in teoria già accertati. Potreste però rivolgervi verso qualche manuale che concretizzi all'atto pratico molte nozioni a volte fin troppo teoriche acquisite. Se poi qualcuno avesse passato lo scritto senza aver studiato più di tanto, e volesse approfondire per l'orale, segnaliamo che alcuni testi hanno lunghi riferimenti all'evoluzione della pedagogia e alla psicologia, spesso fin troppo teorici per il nostro obiettivo. La parte su cui è importante focalizzarsi sono le metodologie che potremmo utilizzare nella nostra presentazione.

A questo riguardo abbiamo trovato su Amazon:
guida alle metodologie e tecnologie didattiche, Team 110elode. 6 € il formato E-book, 12,50€ il cartaceo.
È un manuale essenziale ma molto diretto, schematico, che prende in considerazione una gamma di metodologie molto ampia, e non si perde in grandi discorsi filosofici. Visto anche il prezzo dell'e-book, lo consigliamo.

Se si vuole qualcosa di più completo (e più costoso), c'è il "Manuale delle metodologie e tecnologie didattiche" Simone

Edizioni. 38,00 €

In questo manuale è presente una sezione sulla pedagogia e psicologia, su ambienti di apprendimento e ordinamenti scolastici. Più approfondito, meno diretto, a volte un po' ridondante e ripetitivo.

Anche su questo argomento, si possono trovare video su YouTube (ad es. Francesco Samani, oppure "insegnanti si diventa", e certamente molti altri). Questi canali forniscono anche indicazioni su come impostare l'Uda stessa. A tal proposito ricordiamo anche il canale di Luca Prof!, co-autore di questo volume, con la presentazione della propria prova e consigli e strategie per ogni slide mostrata (oltre alla simulazione dell'orale).

Tra i manuali omnicomprensivi per la preparazione dell'orale per classi di concorso STEM abbiamo provato La prova orale per scuola secondaria Edises Edizioni, 28,00 €

Vi è una prima parte generale su apprendimento, programmazione e valutazione; una seconda su modelli e strumenti didattici e una terza con esempi di unità di apprendimento. Personalmente lo abbiamo trovato un po' troppo filosofico nella parte generale, e un po' troppo generico nella parte sulle Uda (abbiamo trovato più utili le UdA che i colleghi dello STEM 2021 hanno voluto condividere).

3. TEORIA DELLE SCIENZE E MATEMATICA

Ricade in questo gruppo tutto quanto previsto dall'allegato A alla sezione A-28, che possiamo dire coincida con tutto il programma del triennio della scuola media (e anche qualcosa in più, perché certi argomenti difficilmente si affrontano alle medie). Rispetto allo scorso concorso, dove consigliavamo di fare un ripasso generale ma non approfondito, potendo conoscere la traccia 24 ore prima, nel 2024 dovrete dedicare più tempo a questo studio, avendo quella domanda estratta a sorte che incombe sul vostro orale.

Studiare in modo molto approfondito l'immenso programma concorsuale richiede moltissimo tempo ed energie. Il nostro consiglio è di non cercare un manuale specifico, ma sfruttare i libri di testo che usate a scuola tutti i giorni. Ognuno può avere le sue preferenze, ma non vi consigliamo di spendere soldi per un testo o un altro.

Studiare su libri delle medie (per A28) non deve essere visto come un approccio troppo banale agli argomenti, ma un'abitudine (specie per chi non insegna in quel grado scolastico) di vedere gli argomenti col giusto livello di difficoltà richiesto al concorso. Se riuscite ad avere, anche chiedendo ai colleghi, diversi libri di testo delle medie (anche solo l'accesso on-line) può essere molto utile non tanto in fase di ripasso, quanto nelle 24 ore prima della presentazione per avere diversi approcci e idee utili per la propria lezione simulata. Potrete vedere diversi approcci all'argomento, le diverse prove pratiche proposte, magari un focus su educazione civica, lingua straniera, flipped classroom ecc.

I libri di testo scolastici offrono poi solitamente un riassunto degli argomenti a fine unità. Dato che non sapete il tempo a disposizione, non conoscendo la data dell'orale, potete cominciare a fare un inquadramento generale sui riassunti, e segnarvi man mano che studiate quali sono gli argomenti su cui vi sentite più in difficoltà (non solo a livello teorico, ma anche a livello didattico. Es. le leve in fisica, conosco l'argomento ma non l'ho mai fatto in classe perché lo fa la collega di Tecnologia, magari approfondisco un attimo e cerco di immaginarmi una lezione simulata su questo argomento).

Approfondimenti sulle materie possono essere anche trovati su YouTube. Anche qui i canali di approfondimento delle materie sono tanti, divisi sulle materie (tendenzialmente più indirizzati al secondo grado): la fisica che ci piace, chimica con Jessica, Francesco Samani (fisica), IlariaF math, Math segnale (con video specifici per concorso STEM). Ma sicuramente ne esistono molti altri ben fatti.

4. ATTIVITA' PRATICA DELLE SCIENZE

Anche in questo caso consigliamo innanzitutto di consultare il vostro libro di testo di scienze, se potete anche più di uno (anche solo come accesso on-line). Tendenzialmente tutti i libri di testo propongono una grande quantità di esperimenti, e particolare non da poco sono esperimenti solitamente semplici da realizzare, che non comportano grossi rischi, che non richiedono materiali costosi, delicati, complessi da reperire (tutte condizioni che probabilmente saranno tenute in conto anche dalla vostra commissione).

Nell'ottica del risparmio può essere interessante cercare nelle biblioteche libri di esperimenti per ragazzi. Trovate quei classici esperimenti fatti perlopiù con materiali semplici e adatti a ragazzi di 11-13 anni che potreste trovare alla vostra pratica. Anche qui, senza indicare preferenze, se ne possono citare parecchi:
- 101 grandi esperimenti scientifici (Ardley-Mojetta)
- il libro degli esperimenti (Vancleave)
- 50 esperimenti scientifici da fare a casa (Frog)
- esperimenti scientifici da fare a casa (Lupi)
- 121 esperimenti per imparare divertendosi (Giunti junior)
e molti, molti altri ancora.

Potete poi cercare, per ogni tipo di esperimento che avete in mente, un relativo video YouTube. Il canale HubScuola ne propone numerosi, per quanto riguarda la fisica abbiamo particolarmente apprezzato "reinventoreTV".
Vi consigliamo anche la piattaforma PHET **https://phet.colorado.edu/it/** dove trovate un numero davvero elevato di simulatori per fisica, chimica, biologia e scienze della terra. Oltre a darvi spunti interessanti per la presentazione, alcune simulazioni si riferiscono a esperimenti/prove laboratoriali che potrebbero effettivamente capitarvi alla prova pratica.

13 – CONSIGLI PER CHI NON HA MAI INSEGNATO

Spesso aspiranti docenti con poche esperienze di insegnamento (o nessuna esperienza) vedono questa loro condizione come una situazione di svantaggio, o addirittura come un'anomalia.

Se guardiamo alla valutazione dei titoli (max. 50 punti) questo può essere uno svantaggio oggettivo e sul quale non ci potete fare nulla, ma non datelo per scontato in partenza. Guardate bene l'Allegato B e fatevi il calcolo dei punti, se avete un voto alto di laurea, se avete il dottorato, magari una certificazione linguistica o altro compreso nella voce B "Punteggio per i titoli accademici e scientifici", potreste avere un punteggio migliore di colleghi che insegnano da diversi anni, a cui vengono riconosciuti 2 punti ogni anno di servizio (voce C). Un dottorato vale più di 6 anni di insegnamento.

Per il resto, se è vero che l'esperienza acquisita lavorando come docenti offre certamente un vantaggio di conoscenze "pratiche" del mondo scuola, abitudine ad affrontare le materie con i ragazzi ecc., va detto che il concorso ordinario è aperto a chiunque sia in possesso dei requisiti, a prescindere dalla sua esperienza.

Per questo motivo una commissione ragionevole (ed è auspicabile pensare che la maggioranza di esse lo siano), non avrà un pregiudizio sfavorevole su un candidato solo perché non ha mai insegnato. Non è un concorso straordinario... Qualsiasi docente ha iniziato da zero, non essendo stati previsti periodi di apprendistato o simili. Se concordiamo tutti sul fatto che alcune competenze di docente possano essere acquisite solo con l'esperienza, sarebbe illogico aspettarsi queste competenze da chi non ha mai insegnato (vorrebbe dire che l'esperienza è pressoché inutile, perché può essere sostituita dallo studio, o da testimonianze indirette). Dunque, non sentite la vostra esperienza come qualcosa di cui dovete provar quasi vergogna, come capita a volte di sentire. L'anomalia, semmai, è nella presenza di insegnanti precari da anni (decenni) e non ancora stabilizzati (non per colpa loro, sia chiaro).

In teoria i commissari non dovrebbero chiedere, in fase di colloquio, informazioni sulle esperienze pregresse. Ma anche dovesse succedere, non preoccupatevi, non mettetevi subito sulla difensiva ritenendo che il commissario "non ha il diritto di chiedervelo". Non perché non avreste ragione, ma perché in quel momento dovete sfruttare a vostro favore questa richiesta. Riteniamo infatti, e paradossalmente, che il far comprendere alla commissione (in modo intelligente) la propria inesperienza possa essere quasi un punto di forza. Se infatti ci si può aspettare da un neo-docente un po' di ingenuità su alcune scelte, più difficile è accettarle da docenti inseriti ormai da molti anni nel contesto scolastico. Al concorso STEM 2021 sono stati premiati, con ottime posizioni in graduatoria, colleghi alle prime esperienze da insegnante, o che non avevano mai messo piede in un'aula. La mancanza di esperienza sarà più uno svantaggio quando entrerete per la prima volta in classe, ma di lì ci siam passati tutti.

Riteniamo dunque che possa essere perfino una mossa astuta, se fatta con la dovuta intelligenza, far trasparire tra le righe la propria inesperienza. La commissione potrebbe essere appunto più indulgente su alcune ingenuità e premiare invece il vostro entusiasmo, creatività, conoscenza (seppur ancora teorica) del mondo scuola, e magari umiltà nell'ammettere che siete consapevoli che nella realtà scolastica bisognerà avere la giusta elasticità e prontezza nel rivedere alcune proprie posizioni, imparare dagli errori, mettersi sempre il gioco (a parte che questo discorso dovrebbe valere per tutti i docenti!).
Certo questo non vuol dire presentarsi alla commissione ammettendo subito una propria debolezza, tanto più se non richiesto. Non state implorando benevolenza. Potreste ad esempio far passare il messaggio in frasi costruttive es. *"ho collocato questo argomento in una classe terza, dove non ho mai avuto il piacere di insegnare, ma dove ritengo sia importante prevedere ecc…"* *"ritengo che questa attività possa rappresentare un buon percorso di*

apprendimento, anche se sono consapevole che dovrò avere la giusta elasticità e prontezza ad adattarla a un contesto reale quando ne avrò l'opportunità"

Il rischio più grande che corre un insegnante senza esperienze (ma attenzione, anche un insegnante con esperienze alle scuole superiori che concorre per A028) è quello di sbagliare il target della propria progettazione didattica.

Avete a che fare con ragazzi tra gli 11 e i 14 anni. Non sono più i bambini della primaria, non sono ancora gli adolescenti delle superiori. Sono nella preadolescenza, un'importante fase di passaggio, caratteriale ma anche fisico. Forse uno dei momenti di maggiore cambiamento della loro vita. Ci sono differenze abissali tra alunni di prima e di terza, spesso anche tra maschi e femmine dello stesso anno. Non potete trattare ragazzi di terza come dei bambini, non ve lo perdonerebbero. Ancora peggio, non potete pretendere dai vostri alunni di prima quello che siete abituati a chiedere a ragazzi delle superiori.

Se arrivate dal mondo universitario, magari da un'esperienza di dottorato, dovete davvero sforzarvi di semplificare la vostra materia, il modo di presentarla, il modo di concepire il laboratorio (non tanto luogo dove raccogliere dati in modo rigoroso, ma dove fare esperienza, anche attraverso l'errore).

Anche per questo motivo, paradossalmente, è meglio estrarre per la pratica un argomento che non è strettamente legato al vostro percorso universitario: se avete una conoscenza troppo approfondita di un argomento, farete più difficoltà a semplificarlo perché vi sembrerà di banalizzarlo, o perché istintivamente siete ormai portati all'utilizzo di un certo lessico, al dare per scontati alcuni prerequisiti che i ragazzi ancora non hanno. Un buon suggerimento può essere quello di studiare un po' di teoria su un libro di testo delle medie (non importa quale). Più che per il ripasso in sé, è utile per abituarsi al livello di difficoltà richiesto. Studiare su libri delle superiori è, invece, in tal senso rischioso.

Ricordatevi poi che ogni Uda proposta, e ogni lezione simulata da essa derivata, rappresenta poi un mondo dei sogni. Non è sbagliato proporre una progettazione ideale, ma è giusto sapere che nella realtà scolastica difficilmente avrete tutto quel tempo da dedicare a un singolo argomento, quella facilità ad alternare lezioni in classe al laboratorio (potreste non averlo nemmeno il laboratorio), e non è affatto scontato riuscire a far lavorare ragazzi con metodologie alternative alla lezione frontale a cui sono stati spesso abituati. Ciò non vuol dire rinunciare a osare (tanto più se la vostra commissione sembra gradire approcci di didattica più moderni, ampiamente auspicabili), ma essere sempre consapevoli delle difficoltà che potrete incontrare. E dimostrare di avere in voi questa consapevolezza pur non avendo mai insegnato è certamente un punto di forza.

Sembreranno conigli scontati, ma vi assicuriamo che ottimi "conoscitori" della materia hanno avuto votazioni molto modeste al concorso proprio per aver presentato lezioni non adatte all'età alla quale si rivolgevano, e questo è sintomo di inesperienza.

Ben più raramente sono stati bocciati (o valutati con scarso punteggio) docenti che presentavano lezioni che a sentirle ci sembravano troppo "semplici". Ricordate che la secondaria di primo grado è il luogo dove ancora convivono ragazzi con approcci molto diversi alla materia. Troverete chi fatica molto sulla matematica e si è ormai convinto di odiare la materia e non capirci nulla. Troverete poi chi conosce alcuni argomenti di scienze meglio di voi. Garantire un'inclusività per tutti è compito estremamente complesso. La semplicità (che non fa rima con banalità) non è mai da disdegnare. La complessità è di certo più rischiosa, soprattutto per chi non ha esperienza, rischia di lasciare indietro una parte importante della classe.

Un testo che consigliamo a tutti (tanto più a chi non ha mai insegnato), anche se non vi preparerà in modo diretto per l'orale A028 (o qualsiasi altro orale) è "l'arte di insegnare" di Isabella Milani (lo trovate anche in formato Kindle a prezzi molto ragionevoli).

Questo è un libro che vi catapulta in un contesto classe reale, nelle difficoltà che incontra quotidianamente un docente. Ha la forza della concretezza che, a nostro avviso, manca completamente nel percorso che ci forma come docenti di ruolo. Leggerlo potrebbe darvi almeno una conoscenza indiretta del mondo scuola, ben sapendo che solo l'esperienza diretta vi farà davvero crescere, ma come detto in precedenza, l'esperienza non può essere appresa in via teorica!

Ultimo consiglio, cercate un confronto con docenti (possibilmente della stessa Cdc, ancor meglio se hanno passato lo STEM 2021 e hanno idea di come funzioni il concorso). Ancor prima delle 24 ore mostrategli il vostro scheletro di presentazione, i contesti classe che avete ipotizzato, le idee generali sull'insegnamento che vi piacerebbe trasmettere. E se disponibili, chiedete loro anche una mano durante le 24 ore per valutare se la progettazione che avete pensato possa andar bene.

14. CINQUE RAPIDI CONSIGLI E CINQUE COSE DA NON FARE

Cerchiamo, in questo capitolo di sintetizzare i consigli emersi dai capitoli precedenti, aggiungendo qualche utile suggerimento.

1. FATE RIFERIMENTO A FONTI UFFICIALI

Nel capitolo n.2 abbiamo fatto ampio riferimento ai decreti e fonti ufficiali del Ministero dell'Istruzione che regolano il concorso. Cercate lì le vostre risposte (ci vorrà massimo un'ora per leggerli tutti) o cmq diffidate da chi vi fornisce risposte senza riferimenti. Purtroppo, nei gruppi Facebook e non solo si leggono tante cose inesatte e tanta confusione. Siate sempre critici. Oltre a quanto pubblicato dal Ministero, ricordate che gli USR potrebbero dettagliare modalità di svolgimento, diverse da regione a regione, quindi attenti a raccogliere informazioni di una regione diversa dalla vostra.

2. ACCUMULATE ESPERIENZE REALI

Ancora prima che inizino gli orali, sfruttate i concorsi passati, cercate colleghi che abbiano provato l'orale (sia con buoni che scarsi risultati), chiedetegli la loro esperienza, cosa ha funzionato e cosa no, se riuscite guardate presentazioni del vecchio concorso, cercando di associare il voto. Una volta iniziati gli orali, i gruppi di lavoro possono essere utili a ricercare queste info sul vostro specifico orale.

3. STUDIATE I COLLEGHI E LA VOSTRA COMMISSIONE

Se avete la fortuna di poter assistere agli orali (compresa, se le modalità lo permettono, anche la pratica), sfruttatela! Vi permetterà di capire cosa presentano i vostri colleghi, quali strategie adottano, come si pongono, i loro tempi di esposizioni. Vi permetterà di capire l'ambiente della prova (strumenti a disposizione, come sarete disposti, che tono di voce è necessario per farsi sentire bene, ecc.) E soprattutto vi permetterà di studiare la vostra commissione, che atteggiamento tiene durante la presentazione, che domande fa, cosa gradisce e cosa no…

4. ATTENTI A PRENOTATE LE VACANZE

Se volete essere tranquilli, fatelo dopo che è uscito il calendario. Se il calendario non è ancora uscito, cercate di andare di lì a 15 giorni (devono infatti passare minimo venti giorni dall'uscita del calendario al giorno del primo orale).

Dall'esperienza STEM '21 si è visto che possono capitare orali in qualsiasi periodo dell'anno, anche nelle vacanze di Natale, il 31 dicembre, o estrazioni di argomento la domenica!

5. DATE   PRIORITA'   A   SCHELETRO PRESENTAZIONE E PRATICA

Non aspettate le ultime 24 ore per dedicarvi alla presentazione, impostate tutto quello che potete, i format, scelte cromatiche, font, dimensioni ecc. e in più provate a inserire già tutte le parti generiche. Meno cose dovrete fare nelle ultime 24 ore, più potrete concentrarvi sul ripasso della traccia estratta e sulla simulazione di lezione

5 COSE DA NON FARE:

1. LASCIARE LA PROVA PRATICA IN BIANCO

Anche se vi sembra di non sapere nulla, non fatevi prendere dallo sconforto e ricordate che con un buon colloquio potete recuperare anche una pessima pratica, purché arrivi almeno a un voto di 40 (meglio 50/60). Ci saranno delle parti più generiche e teoriche, compilate almeno quelle, avete tre ore, del materiale, è un esperimento che non conoscete. Sperimentate, provate a intuire cosa si aspetti la commissione, cosa si può fare con quel materiale.

2. "LITIGARE" CON LA COMMISSIONE

Sembra una banalità, eppure a dei colleghi è successo: il giorno del colloquio sarete testi e stanchi, controllare le vostre reazioni non sarà facile, ma è fondamentale. Può capitare di trovare commissari poco gradevoli, che prestano (o sembrano prestare)

poca attenzione e poi vi muovono una critica inaspettata. Non reagite d'impulso, non siate arroganti e non fate le vittime. Uno scontro con chi vi sta per giudicare non può giovarvi in alcun modo, e magari stanno testando il vostro modo di reagire a un ipotetico contesto classe difficile. Argomentate sempre le vostre motivazioni, siate pronti a metterle in discussione, va bene trasmettere idea di sicurezza, ma non date l'impressione di sentirvi già "arrivati" come docenti. Anche il concorso può essere un momento formativo.

3. PRENDERE GROSSI RISCHI SE CERCATE I 12 CREDITI

Ad ogni concorso c'è una quota di candidati che non si presenta per il ruolo. In passato erano non pochi a cercare "solo" dell'abilitazione, in questo concorso non abilitante ci saranno colleghi di ruolo con concorso straordinario che cercheranno i 12 crediti per graduatorie interne.

Se rientrate in questa casistica, il vostro obiettivo è arrivare a una media di 70, non ottenere un buon posto in graduatoria. Vi esortiamo a non dare il massimo? Assolutamente no, un ottimo punteggio nella prima delle due prove può essere la vostra salvezza se andasse male la seconda. Quello che vi sconsigliamo di fare è prendervi dei rischi, soprattutto nel colloquio: presentazioni molto lunghe, percorsi didattici molto originali che si discostano dagli schemi base, critiche eccessive a metodologie didattiche (che potrebbero invece essere care ai vostri commissari)… evitate. Andate sul sicuro.

4. PROPOSTE NON CONTESTUALIZZATE

Ricordatevi sempre: siete docenti che stanno ipotizzando un percorso didattico per insegnare un argomento. Anche l'idea più geniale, la prova pratica più spettacolare e divertente, se non contestualizzata in un percorso didattico può ritorcersi contro di voi. Potete dare l'impressione di essere persone molto originali ma che non hanno alcuna idea di cosa significhi insegnare, docenti confusi che non si pongono obiettivi (generali e specifici) e non analizzano adeguatamente i contesti e prerequisiti.

5. IGNRORARE LA TECNOLOGIA

Che vi piaccia o no, la tecnologia è diventata parte della didattica. Quella che noi chiamiamo innovazione per i nostri studenti è normalità. Sempre più nelle aule troveremo lavagne digitali, o almeno LIM, computer portatili, tablet, aule informatiche, robotica ecc. L'utilizzo di questi strumenti nella didattica è sempre più auspicato, i bandi PNRR hanno investito enormi fondi per laboratori multimediali e formazione tecnologica (non sarebbe male citarlo se capita l'occasione, vi dimostrerete attenti all'attualità scolastica). Per queste ragioni vi consigliamo caldamente di presentarvi con una presentazione multimediale, e non cartacea o una spiegazione orale senza supporti digitali. Se poi anche nella lezione simulata farete riferimenti alle tecnologie, tendenzialmente sarà apprezzato.

Ricordatevi poi che il bando, quando parla di prova orale, cita la "capacità di progettazione didattica efficace - anche con **riferimento all'uso didattico delle tecnologie e dei dispositivi elettronici multimediali"**

CONCLUSIONI

Ci auguriamo di essere riusciti, con questo manuale, a chiarirvi più le idee su quanto vi aspetta all'orale, di avervi fornito almeno qualche consiglio utile per la pianificazione del vostro studio e la progettazione dell'attività didattica.

Se così è stato, vi invitiamo a suggerire questo strumento anche a vostri colleghi, in un'ottica collaborativa che auspichiamo sempre nel mondo scolastico in cui operiamo tutti i giorni.

All'ultimo concorso tanti colleghi ci hanno scritto ringraziandoci per le indicazioni e informazioni che sono state utili per raggiungere i risultati prefissi e ottenere il ruolo, speriamo possa essere così anche per voi, e se vorrete darci una valutazione positiva su Amazon ve ne saremmo davvero grati. In caso contrario, fateci comunque sapere dove possiamo migliorare per il futuro.

Non resta che farvi i migliori auguri per la vostra prova, nella speranza che possiate presto trovare il giusto riconoscimento, con un posto di ruolo, nel vostro importante, difficile, emozionante, incredibile percorso professionale. I ragazzi hanno bisogno di continuità, di figure di riferimento che li seguano nel loro percorso. La scuola ha bisogno di nuovi insegnanti motivati, appassionati, creativi, disponibili, e speriamo davvero possiate essere voi!

Docenti Stem e Luca Prof!

ALLEGATO 1
LA PRESENTAZIONE DI LUCA PROF!

Ciao a tutti, propongo qui le slide principali della mia presentazione sulle leggi di Ohm (votazione 98), che trovate completa sulla mia pagina Facebook e presentata in due video su YouTube, uno con strategie e consigli, l'altro di simulazione come fossi davanti alla commissione. Ho pensato potesse essere utile riportare qui i principali suggerimenti in modo più organico.

Alcuni dati tecnici, ho realizzato la mia presentazione in Power Point, esportata e proiettata in PDF, con proporzione schermo 16:9 e senza animazioni. Sono partito da un template presente nei modelli Power Point modificandolo poi in basse alle mie esigenze. Come font ho usato il Garamond, carattere minimo 14 (piuttosto piccolo ma sapevo di proiettare su Lavagna Digitale di notevole dimensione e commissione abbastanza vicina allo schermo). Titoli carattere 28-32, contenuti carattere 16-18. Presenza di link a contenuti multimediali non però utilizzati in fase di presentazione.

Sono passato dopo circa altri 50 colleghi, ho tenuto conto quindi dei voti e reazioni della mia commissione rispetto al lavoro degli altri candidati, e di una possibile e fisiologica stanchezza della commissione di fronte a uno schema classico di UdA (anche se per quanto mi riguarda ho trovato la commissione molto professionale nel garantire equità di giudizio evitando i condizionamenti esterni).

Eccovi le mie slide principali in scala di grigi per esigenze di stampa, **trovate sulla mia pagina Facebook tutte le slide a colori complete**. Il numero di slide è elevato, alcune passate in rassegna molto velocemente, sicuramente con le indicazioni del concorso 2024 di tempi più stringenti dovrete fare una selezione, focalizzandovi sulla lezione. Alcune le commento solamente, e mi concentro maggiormente sulla progettazione vera e propria.

Slide 2 – riporto esattamente la traccia estratta per far capire di come tenga in conto di ogni richiesta (non solo il titolo!) per la strutturazione di un indice che mantengo in tutta la presentazione (e in questo il 16:9 aiuta molto).

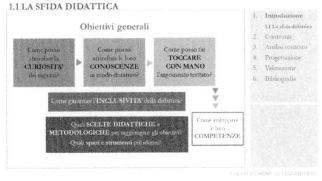

Slide 3 – cerco un modo originale di introdurre la presentazione con una slide già pronta prima dell'estrazione su come io mi costruisca uno schema per la mia "sfida didattica" o obiettivi generali, con domande stimolo per me docente, dove già faccio intendere che ricerco di stimolare atteggiamenti e abilità, non solo saperi.

Questa slide fanno parte di un cappello introduttivo e di contesto, che nel concorso 2024 andranno certamente scremate dati i tempi più ristretti (o tenute come approfondimento finale senza commento, per non incidere nei tempi di esposizione)

1.1 LA SFIDA DIDATTICA

Slide 4 – Mostro come il mio schema non sia avulso da un contesto didattico ma si basi sulle competenze chiave come definite nelle raccomandazioni UE 2018. Questo è stato un modo forse anche per stupire un po' la commissione, mostrando di sapere essere originali pur restando in quadro di innovazione didattica ben definito.

2.1 INQUADRAMENTO

Slide 6 – Parto con l'inquadrare l'argomento. Fossi passato nei primi giorni sarei partito dal contesto, ma volevo catturare subito l'attenzione posponendo quelle slide più o meno simili per tutti i candidati, e facendo una prima "incursione" sull'argomento estratto, anche se non ancora come progettazione.

2.3 COLLEGAMENTI INTERDISCIPLINARI

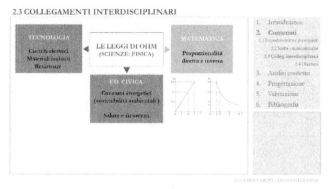

Slide 9 – dopo aver spiegato cosa volessi proporre ai ragazzi sulle leggi di Ohm, cerco dei collegamenti interdisciplinari (anche con mie materie A028 o materie trasversali), cercando di evitare forzature.

2.4 OBIETTIVI

Slide 10 – Inquadro gli obiettivi specifici di apprendimento in uno schema di competenze per essere fedele al primo schema presentato (ho cercato di evidenziare sempre questi rimandi, anche cromaticamente con le scale di blu usate).

2.4 OBIETTIVI

Slide 13 – dopo aver passato velocemente traguardi e obiettivi nazionali e competenze chiave di cittadinanza italiane, mi soffermo più sulle competenze europee citate all'inizio, collegandole all'Agenda 2030

Slide 16 – dopo aver velocemente mostrato le peculiarità del territorio scelto, mostro come il PTOF le analizzi e le trasformi in progetti operativi. Slide che avevo già pronte, su cui mi sarei soffermato maggiormente in caso di prova con forte attinenza territoriale per mostrare come sia importante il legame tra ragazzo e ambiente nel processo e modalità di apprendimento.

Slide 17 – Veloce presentazione dell'Istituto scelto, con analisi degli spazi interni e esterni (compresi spazi di interesse nel Comune), e spazi "virtuali".

Slide 18 – presentazione del contesto classe con punti di forza e debolezza, pensando a una terza in cui avevo effettivamente lavorato e che a mio avviso permetteva di realizzare le attività poi previste. Cerco qui di far capire che ogni classe è un mondo a sé, e la stessa progettazione può essere ottima in un contesto classe e non funzionare altrettanto bene altrove, e che un docente deve tener conto di questo aspetto.

Slide 19 – analizzo di Bisogni Educativi Speciali, riportando come già fatto altrove riferimenti normativi che non cito verbalmente (ma voglio che la commissione noti che so in quale contesto di regole mi sto muovendo, che so cosa sia un PEI, un PDP). Cerco di far trasparire come questi alunni possano essere una risorsa per la classe.

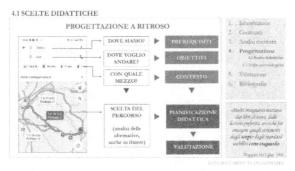

Slide 21 – Entro finalmente nella progettazione, scelgo una metodologia di progettazione a ritoso (non rigorosa), mostro come ho letto un articolo sul tema (box basso a sinistra), come ci ho riflettuto e costruito una mia interpretazione didattica, con l'esempio immediato di Google (voglio far capire che non mi limito a "studiare" le metodologie, ma cerco di farle mie).

Slide 22 – prima lezione, verifica dei prerequisiti, spiego che serve flessibilità ma indico comunque delle tempistiche che ho previsto, ripropongo le mie domande orientative iniziali per far vedere che sto cercando di dare una risposta.

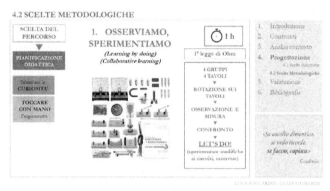

Slide 23 – **entro nel vivo dell'argomento** POSSIAMO DIRE CHE DA QUI INIZI LA LEZIONE SIMULATA VERA E PROPRIA con un'attività laboratoriale a gruppi in modo che sia davvero un "learning by doing". Il laboratorio dopo una spiegazione del docente non può rientrare in questa metodologia, e questo la commissione lo aveva sottolineato a miei colleghi e ne ho fatto tesoro. Spiego come, nel mio modo di insegnare, le formule e calcoli siano l'ultimo step, quando ormai dentro di loro si sono sedimentati dei concetti intuiti direttamente da loro con l'attività pratica.

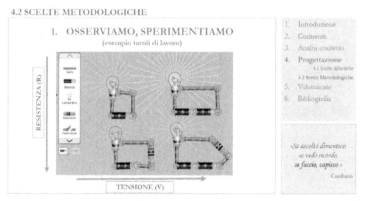

Slide 24 – mostro alla commissione come intendo presentare l'attività laboratoriale, con uno schema che evidenzia la logica della disposizione dei circuiti nella stanza.

Slide 25 – Arrivo alle formule sfruttando anche i simulatori on-line per far meglio comprendere le proporzionalità che legano le parti in causa.

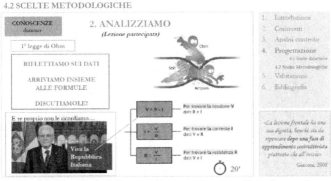

Slide 26 – Dal laboratorio passiamo alla discussione, per trasformare i contetti intuiti in formule matematiche. Qualche disegno simpatico, qualche modo originale per ricordare una formula possono essere d'aiuto. A volte i ragazzi ricordano questo più di tante parole (e anche le commissioni…)

Slide 27 – Assegno dei compiti a casa (molti colleghi non ne prevedevano mai nelle presentazioni... in questo sarei un po' più tradizionale). Grazie al simulatore possono ripetere l'esperimento questa volta con numeri e calcoli avendo conosciuto e compreso le formule (prima legge Ohm).

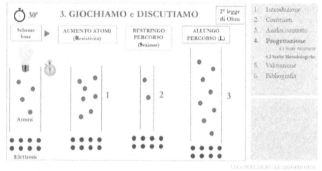

Slide 29 – dopo la correzione esercizi propongo un gioco per introdurre la seconda legge di Ohm (nuovamente scelgo di non partire da formule e spiegazioni mie), stimolo poi un ragionamento collettivo (circle time) sul perché di questa attività che li ha trasformati in elettroni. Tengo conto dell'alunna con disabilità pensando a un ruolo anche per lei, in modo che sia parte attiva e importante dell'attività.

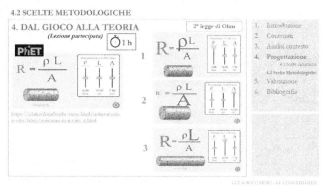

Slide 30 – grazie nuovamente al simulatore studiamo come il gioco fosse propedeutico alla nuova formula (diretta e inversa), e nelle slide successive cerco di contestualizzarla con esempi nella vita quotidiana di tutti, per dare forte attinenza con la realtà, che non venga percepita come inutile teoria.

Slide 31 – esempi di applicazione della legge di Ohm in situazioni reali, nella vita di tutti i giorni. E' importante tenere conto che alle scuole medie tanti ragazzi non sono interessati molto dalla teoria, dalla fisica in sé, ma vengono affascinati dai riferimenti pratici.

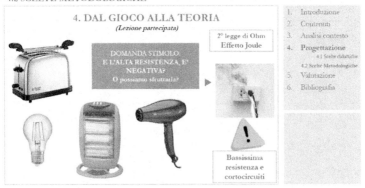

Slide 32 – Proseguiamo con esempi concreti, con strumenti che usiamo tutti i giorni e che gli studenti mai avrebbero pensato vi fosse attinenza con le leggi di Ohm! Usiamo domande stimolo per una lezione dialogata e partecipata, lasciamo che emergano i collegamenti con il laboratorio, coordiniamo la discussione senza essere noi i protagonisti della lezione.

Slide 33 – Dato che la materia si presta, sfruttiamo dei collegamenti con educazione civica, con la sicurezza in casa e a scuola (qui potete anche parlare di sicurezza nel laboratorio), e un occhio all'Agenda 2030 e alle tematiche attuali della sostenibilità e del risparmio energetico.

Slide 34 – prevedo a fine dell'intero nucleo di apprendimento (non solo, dunque, le leggi di Ohm) degli approfondimenti di educazione civica e contenuti in lingua straniera, anche per essere inclusivo verso l'alunna con svantaggio linguistico italiano.

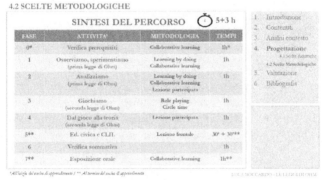

Slide 35 – presento infine il percorso seguito nella progettazione, diviso in lezioni, con schema delle metodologie scelte. Secondo me uno schema tabellare così, un po' pesante a primo impatto, era più efficace come sintesi finale del percorso piuttosto che come indice inziale.

Slide 38 - presento le modalità di valutazione mostrando che ho ben chiaro che questa non sia legata solo a una verifica finale ma segua tutto il processo (cito a proposito le indicazioni nazionali

del Ministero)

Slide 39 – senza simulare la verifica finale, indico quali sarebbero i contenuti e che accorgimenti intendo adottare per garantire l'inclusività (importante tenere sempre conto del contesto classe presentato, fa capire che avete pensato davvero l'attività in base ai vostri ragazzi).

Slide 42 – riporto alcune griglie di valutazione (anche delle competenze e valutazione in itinere), prendo documenti dal PTOF per far comprendere il legame con l'istituto scelto.

Slide 45 – dopo l'autovalutazione dei ragazzi tramite semplice questionario, propongo l'autovalutazione del docente secondo uno schema che riprende la slide iniziale per mostrare come davvero sia uno schema che seguo, e non solo un esercizio di stile.

Slide finali dove riporto la bibliografia, che non analizzo verbalmente ma mostro che non è solo un elenco di testi o articoli (o sitografia), ma riporto anche i documenti dell'istituto che ho consultato, e la normativa che ho citato nella presentazione. Seguono ringraziamenti.

Spero che questa panoramica, così come tutto il manuale, possa esservi stata utile per alcuni spunti, altri sicuramente ne potete trovare nella mia presentazione YouTube e in quella di colleghi, oltre ovviamente agli orali che eventualmente riuscirete a seguire.

ALLEGATO 2
LA RELAZIONE DELLA PROVA PRATICA DI LUCA PROF!

Abbiamo deciso di introdurre in questo manuale 2024 una importante novità rispetto al passato, cioè la simulazione di relazione scritta richiesta nella prova pratica, partendo da quella realizzata da Luca Prof! durante il suo concorso STEM e valutata 96/100 dalla commissione. In passato non avevamo fornito questo aiuto perché, se non si leggono con attenzione le premesse che ora faremo, potrebbe essere addirittura fuorviante. Primo aspetto: della relazione prova pratica non resta traccia al candidato, a meno di voler fare un accesso agli atti, quindi è una ricostruzione a posteriori che potrà dare un'idea di cosa vi fosse in relazione, ma non è certo la copia di ciò che è stato consegnato alla commissione. In quella prova, poi, l'esperimento era scelto dal candidato sulla base del materiale disponibile nel laboratorio informatico, e scelta dal candidato abbinata alla UDA estratta 24 ore prima, condizioni che non si ripetono in questo concorso.

In questa prova pratica le modalità erano particolari, e probabilmente diverse da come verrà impostata questa fase del concorso in molte regioni e cdc nel 2024. La prova pratica era svolta lo stesso giorno del colloquio, e successiva a questo, vi erano sempre tre ore in laboratorio nelle quali si poteva provare l'esperimento, con un sorvegliante non facente parte della commissione, e altri colleghi nel laboratorio, si scriveva la relazione e poi si esponeva l'esperimento alla commissione stessa e si lasciava la relazione.

Riteniamo, anche se non c'è controprova, che con questa modalità il giudizio finale (96) sia stato molto legato anche alla presentazione orale, alla scelta del tipo di esperimento a discrezione del candidato, a come sia stato abbinato alla UDA, a come abbia maneggiato il materiale nel riproporre l'esperimento di fronte alla commissione ecc. Non è stata certo una valutazione basata solo sulla lettura dello scritto, con molta umiltà crediamo che voi possiate fare di meglio!

E come ripetuto quasi alla nausea in questo manuale: piaccia o non piaccia ogni commissione è un mondo a sé. C'è chi giudicherà molto positivamente una relazione didattica (come questa), chi invece la preferirà più tecnico-scientifica. Chi vorrà un linguaggio universitario e chi comprenderà che in futuro le nostre esposizioni anche scritte saranno rivolte a ragazzini di 12 anni con difficoltà di comprensione di testi complessi (e a volte anche di testi non molto complessi...).

Il suggerimento anche qui può essere quello, se conoscete qualcuno che passa prima di voi in prova pratica con quella commissione, di indagare il più possibile su cosa sia stato richiesto, cosa valutato positivamente e cosa meno. Al limite domandare se desiderano una relazione più tecnica o più didattica (si saranno sentiti fare tante volte questa legittima domanda, nella peggiore delle ipotesi non vi risponderanno).

PRIMA LEGGE DI OHM: PROVA PRATICA

OBIETTIVI DELL'ESPERIENZA

Mediante la prova pratica oggetto di relazione si intende avviare un percorso stimolante per studenti e studentesse sul tema delle leggi di Ohm, e più in generale sull'argomento dell'elettro-magnetismo, che attivi processi di acquisizione di competenze in termini di abilità, atteggiamento e conoscenza (rif. Raccomandazione UE 2018). Questi processi vengono stimolati mediante un percorso di didattica laboratoriale che precede la lezione teorica attivando più efficacemente una metodologia di "learing by doing" dove lo studente è attore del proprio apprendimento, intuendo nella pratica, anche grazie ai suoi prerequisiti, i processi che poi andrà ad approfondire a livello teorico e di formule fisiche.

Obiettivo dell'esperienza non è quindi solo quello di accrescere le conoscenze scientifiche in questo settore della fisica, non dunque solo "sapere" ma anche "saper fare" e "saper essere", stimolando i ragazzi nella soddisfazione di realizzare in autonomia attività pratiche, come la costruzione di un circuito elettrico semplice, intuendone le componenti che lo caratterizzano e i fattori che determinano differenze di luminosità della lampadina, scoprendo dunque per intuito i principi della prima legge di Ohm.

MATERIALI UTILIZZATI

Per questa esperienza laboratoriale viene utilizzato un apposito KIT sull'elettromagnetismo composto da diverse componenti quali: pile (differenze di potenziale), cavi elettrici, lampadine, resistenze. L'attività pratica si sarebbe potuta realizzare anche senza KIT specifici con acquisizione di strumentazione di semplice reperibilità in qualsiasi ferramenta, per poter mettere nelle condizioni gli studenti di replicare a casa l'attività.

Il KIT è fornito anche di strumenti specifici per la misurazione della tensione (Voltmetro) e Intensità di corrente (Amperometro), che non viene però richiesto in questa fase ai ragazzi di utilizzare (a meno di una loro richiesta specifica) per ragioni didattiche-metodologiche più avanti illustrate.

Interessante notare come mediante simulatore Phet Colorado si può permettere anche a chi non ha la possibilità di comprare materiale per uso casalingo di ricostruire virtualmente l'esperimento. Il simulatore permetterebbe di replicare anche questa attività in caso di lezioni di Didattica a Distanza.

PROCEDIMENTO

Si procede all'attività laboratoriale dividendo la classe in diversi gruppi (nel caso specifico quattro) e facendo trovare in laboratorio quattro diversi circuiti elettrici che differiscono per Tensione (V) e Resistenza (R), quindi costituiti da un numero diverso di pile (diversa differenza potenziale) e di resistenze lungo il circuito.

I ragazzi osservano come cambia la luminosità della lampadina in base alle caratteristiche del circuito, e hanno un primo momento di confronto dopo l'osservazione. Questa procedura permette agli studenti di comprendere come, nel metodo scientifico, sia importante formulare delle ipotesi che seguono una prima fase di osservazione e curiosità, prima di passare alla fase di sperimentazione vera è propria. Non si tratta quindi di costruire circuiti a caso, ma seguire nella pratica un'intuizione legata all'osservazione, senza sminuire l'importanza fondamentale di una smentita dell'ipotesi, e una riflessione che porti a nuove ipotesi, e al significato di errore nella scienza, che non è sinonimo di fallimento ma anzi, spesso di stimolo verso l'apprendimento attivo.

In un secondo momento di invita i ragazzi a ricreare circuiti, modificando il numero di pile e resistenze per osservare le differenti luminosità della lampadina. Questo momento pratico viene preceduto da un breve riepilogo di norme di sicurezza in laboratorio e di rischi presenti legati alla corrente. Il Kit prevede già un approccio molto sicuro al loro intervento manuale, si ricorda l'importanza di non chiudere un circuito su se stesso senza resistenze, per evitare il cortocircuito. Si decide volontariamente di non spiegare ancora la formula della prima legge di Ohm ($V = R \times I$), per far sì che loro intuitivamente comprendano i nessi causa/effetto e le grandezze direttamente proporzionali (intensità e potenziale) e inversamente proporzionali (resistenza e intensità). Così facendo, quando in un secondo momento dell'attività didattica che segue il laboratorio si analizzerà la formula, anche mediante simulatore Phet, sarà più facile per i ragazzi concretizzare la teoria rifacendosi all'esperienza pratica vissuta.

OSSERVAZIONI, RACCOLTA E ELABORAZIONE DATI

Il docente decide di seguire una linea metodologica chiara, facendo dell'osservazione e dell'apprendimento per scoperta e tramite "learning by doing" un approccio didattico forte.

La scelta di non partire dalla formula, e non raccogliere dati numerici in questa prima fase può sembrare azzardata, ma il docente conosce meglio di chiunque altro il contesto classe e l'approccio dei suoi studenti. In questo contesto classe, illustrato nella presentazione orale, i ragazzi hanno difficoltà a comprendere le formule con un approccio teorico, e hanno altresì un certo timore nel maneggiare dati numerici.

Per stimolare la loro voglia di fare, senza porre elementi di preoccupazione, non si chiede ancora loro di raccogliere dati numerici, a meno che non sia una loro richiesta specifica, e che quindi si dimostrino già in grado di fare ragionamenti numerici e anticipare la formula per via intuitiva, che sarebbe un obiettivo eccezionale per ragazzi di 13-14 anni (3 media)

In questo caso potrebbero osservare mediante Amperometro come l'Intensità di corrente aumenti in maniera direttamente proporzionale aumentando la Tensione (voltaggio pile), o in maniera inversamente proporzionale diminuendo la Resistenza in Ohm. Usando anche un simulatore in alternativa al circuito fisico, si può ragionare sul perché si crei un cortocircuito senza resistenze, dando quindi un senso pratico all'impossibilità in matematica di avere uno 0 a denominatore in frazione ($I = V/R$, non si può ancora spiegare loro che al tendere di R a 0 la I tende a Infinito, ma intuitivamente lo possono già comprendere).

Questa esperienza laboratoriale, comprensiva di raccolta dati, verrà in ogni caso riproposta al gruppo classe dopo la parte teorica, e lo studio delle leggi di Ohm. I ragazzi saranno invitati a riportare su un grafico cartesiano il variare dell'Intensità in funzione o di Tensione o di Resistenza, scoprendo grafici simili a quelli studiati nella matematica nel programma di terza. Interessante è anche la discussione sulle differenze tra dato atteso in base all'applicazione della formula e dato ottenuto sperimentalmente, per capirne le ragioni (precisione dello strumento, dispersioni, approssimazioni). Nel caso specifico, mentre conducevo la prova in laboratorio, ho ottenuto dati diversi da quelli che mi sarei atteso. Questo non deve essere oggetto di sconforto, anche per un docente in classe, ma anzi deve essere stimolo e opportunità per riflettere insieme ai ragazzi, e mostrare che è più che normale che la realtà non segua sempre le nostre aspettative, ma ci stimoli a reagire, riflettere, riconsiderare. Abbiamo sbagliato qualcosa noi?

Ricontrolliamo tutto, rivediamo le formule e i dati attesi e misurati. Abbiamo considerato tutti i fattori ambientali che possono condizionare la prova? O forse, come nel caso specifico, il materiale utilizzato presenta dei problemi, una resistenza non funziona (o almeno, non è in linea con il dato di Ohm dichiarato), il test con altre resistenze funzionano. Vediamo questo inconveniente come una fortuna, ci ha stimolati a ragionare, ci ricorderemo più questo "problem solving" che tutto ciò che ha funzionato perfettamente.

CONSIDERAZIONI E CONCLUSIONI

Il docente segue le attività di gruppo della classe, lasciando il più possibile i ragazzi protagonisti della didattica laboratoriale, e esercitando un ruolo di guida e supporto, stimolando il loro ragionamento e capacità di fare, senza fornire già le soluzioni e valutando in itinere il grado di partecipazione, curiosità, intuito.

Nel contesto di scuola secondaria di primo grado, dove i gruppi classe risultano piuttosto omogenei, queste esperienze laboratoriali aiutano gli alunni con maggior spirito pratico a emergere e scoprire loro abilità anche manuali, fino ad arrivare, nella migliore delle ipotesi, a un processo che mostri loro come le formule teoriche della fisica non facciano altro che trasformare in numeri e leggi universali dei concetti che loro stessi avevano già perfettamente intuito. Si vuole quindi rendere anche la scienza e la matematica più concrete e più alla portata di tutti, con un approccio maggiormente inclusivo, superando anche il preconcetto di materie STEM maggiormente rivolte al mondo maschile (come richiede uno dei recenti bandi PNRR volti all'orientamento delle materie scientifiche).

La pratica di laboratorio, comprensiva di discussione arricchente sugli errori, ha voluto stimolare i prerequisiti di conoscenza su atomi, elettroni e corrente elettrica, e ha voluto essere propedeutica a lezioni teoriche future dove potremmo sfruttare l'esperienza laboratoriale per una lezione partecipata.

ALLEGATO 3
RISPOSTE A DOMANDE FREQUENTI

Aggiungiamo al testo originale questo allegato con una serie di risposte fornite da Luca Prof! sul suo canale YouTube o sui suoi profili social, riferite a domande sul concorso scuola (non necessariamente A028), che riteniamo possano essere utili anche per il concorso 2024.

Ne approfittiamo per ringraziare di cuore tutti i candidati che hanno comprato il nostro manuale e hanno lasciato le loro recensioni, in genere molto positive, motivo per noi di grande soddisfazione.

Per quanto riguarda la progettazione dell'UDA in particolare per le metodologie didattiche scelte avevi un libro di riferimento o un sito? Oppure hai creato tu l'intera progettazione?

Per le metodologie avevo comprato un ebook semplice ma ben fatto (ne parlo nel video sui testi che consiglio), mentre avevo un libro che spiegava come strutturare Uda ma non mi aveva convinto, mi sono servite molto di più le presentazioni dei miei colleghi

Avendo impostato l'esperimento secondo la modalità del LEARNING BY DOING, come prerequisiti cosa scriveresti nella relazione?

Secondo me i prerequisiti non cambiano con il Learning by doing rispetto a quelli che avresti con altra metodologia. Con il LbD sono i ragazzi stessi che scoprono qualcosa di nuovo con un'attività proposta dal docente, e questo qualcosa che scoprono non può essere un prerequisito, altrimenti non vi sarebbe scoperta.

Ciao Luca, tu parli di progettazione a ritroso...ma come fai a partire in questo modo se non conosci i tuoi alunni? Puoi partire con una progettazione a ritroso in una prima? Ti chiedo questo perché non ho mai insegnato e devo fare la prova orale A28.

Ciao. Io credo che si possa fare anche in prima, partendo dalla verifica prerequisiti. Certo, conoscendo i ragazzi è più facile, però se fosse un argomento fatto in prima nella seconda parte dell'anno (o cmq dopo qualche mese) hai avuto modo di iniziare a conoscerli per riuscire a definire un percorso "su misura" per raggiungere gli obiettivi.

Ciao Luca, riguarrdo al programma PHET, come possibile scaricare il programma per fare le simulazioni? perchè su internet c'è il sito, al quale ho provato anche a registrarmi, ma ci sono simulazioni già fatte.

Ciao Marta, non c'è bisogno di scaricare il programma, online puoi fare molte simulazioni PhET. Dalla Home cerca "simulazioni" e poi scegli l'argomento prova da qui https://phet.colorado.edu/it/simulations/filter?type=html,proto type

Si può usare Power point per fare la prova orale del concorso ordinario B012?
Se non avete ricevuto indicazioni diverse, sì. Io l'ho creata con PowerPoint, conviene in ogni caso avere una copia in PDF

Presentazione molto utile, potrei chiedere con quale programma l'hai creata, mi piace molto l'idea che lateralmente resti l'indice che aggiorna progressivamente l'argomento evidenziandolo.
Semplicemente in Power Point, con copia incolla e andando a evidenziare slide per slide in capitolo corretto (si fa molto più velocemente di quanto si possa pensare, pur essendo un procedimento manuale).
L'ho fatto manualmente, ho creato un indice completo, poi all'inizio di ogni capitolo l'ho incollato esplicitando i sotto-capitoli, quindi incollati in ogni slide mettendo i grassetti dove necessario. Tutto questo prima delle famose 24 ore

Potrei utilizzare come formato delle diapositive della mia presentazione il 16:9 o devo usare quello standard 4:3 per non avere problemi di visualizzazione?
Io ho usato 16:9 che si adattava perfettamente alla Lim

Salve Andrea, grazie per i consigli. Volevo chiederti con quale programma hai inserito il QR code nel "cartellone", grazie
Ciao. Il QR code l'ho creato con Padlet. L'infografica con all'interno il QR code l'ho invece fatta con Paint.net, programma gratuito che si trova online. Sono partito da un'infografica trovata sul web e sono andato a modificare sia le scritte sia aggiunto il QR code

In merito alla prova orale (A028), avresti anche dei testi da consigliare nel caso in cui capitasse una traccia riguardante Matematica?
Libri di matematica come detto seguirei cosa propongono i libri di testo delle medie. Io ho lavorato con "da zero a infinito" della Fabbri Editori, non mi dispiace ma trovo offra pochi spunti. Molto utilizzati sono anche "Ellequadro" della Atlas e "Matematica in azione" della Zanichelli, che però non conosco bene, prova a indagare tra colleghi.

Provo a chiederti un consiglio. Farò l'orale in una regione diversa rispetto a quella in cui insegno. Condivido l'importanza che hai dato al contesto e al fatto di presentare la tua classe e i tuoi alunni per sottolineare come l'azione didattica vada progettata per specifici destinatari. Secondo te, progettarla per una classe dell'istituto in cui realmente lavoro, anche se di un'altra regione, può essere un "errore"?

Non penso sia un errore, spiegherei meglio il contesto territoriale (rurale, urbano, montano, industriale ecc) in modo che capiscano l'ambiente anche se non conoscono la zona. E non mi dilungherei molto sull'istituto passando al contesto classe

Collega scusami non capisco la seconda slide, quando parli di atteggiamento come risposta alla necessità di curiosità.

All'inizio mi chiedo come posso stimolare la loro curiosità, inquadrandola in un'ottica di competenze negli atteggiamenti. Quindi un insegnamento volto non solo a trasmettere un sapere, ma anche un saper essere (oltre che un saper fare con le abilità), in linea con le raccomandazioni UE sulla competenza del 2018.

Quante slide sono circa? Esistono consigli sul numero di slide? A me ne vengono un bel po'...

Anche io ne ho parecchie, una quarantina, ma quello che conta è il tempo che dedichi ad ognuna. Ho notato che alcuni colleghi per il timore di avere troppe slide hanno finito per crearne alcune con troppe informazioni e contenuti, di difficile lettura.

(al concorso 2024 tenere conto del tempo ridotto rispetto al passato, metà del tempo complessivo di 45')

Luca volevo chiederti una cosa: io farò l'orale in una regione che non è la mia e dove non conosco il contesto, mi conviene contestualizzare l'uda in una scuola che non conosco, in una della mia regione o non parlarne proprio? Si può non presentare la scuola e parlare solo della classe o è riduttivo?

Sicuramente ti sconsiglio di presentare una scuola che non conosci (magari sei pure sfortunata uno della commissione ha insegnato lì e potrebbe accorgersi che stai inventando). Presenterei oltre alla classe almeno un contesto ambientale (anche senza coordinate geografiche). Es. una scuola di realtà rurale, o cittadina, periferia di grossi agglomerati urbani ecc. giusto per riuscire a rendere l'idea di un contesto ambientale (soprattutto se l'argomento può avere attinenze col territorio)

Io sto cercando dei modelli per la presentazione Powerpoint, qualcuno mi saprebbe indicare dove trovarli?

Nella mia versione di Power Point già all'apertura del programma mi chiede se voglio partire da una scheda bianca o da un tema, in ogni caso posso in qualsiasi momento andare su "progettazione" e scegliere tra "temi" e "varianti" proposte, andare su "personalizza" es. per dimensione diapositiva (4:3 o 16:9) o cliccare su idee per progetti

Le volevo chiedere se la relazione della prova pratica è da intendersi come un qualcosa che la commissione valuta per testare le nostre conoscenze su quel determinato esperimento o per testare le nostre capacità di contenstualizzare l'esperimento in un percorso didattico?
Secondo me entrambe ma più la seconda. Poi ovviamente dipenderà dalla commissione ma di certo non sarà un test solo sulla vostra conoscenza, ma sulla capacità di fare capire

Volevo chiederti come hai impostato l'indice? perché per la mia presentazione avevo immaginato qualcosa di simile più che altro per orientarmi con le tempistiche ed avere sempre un riferimento visivo di dove mi trovavo all'interno della presentazione generale ed in questo modo è anche carino dal punto di vista stilistico
Concordo che avere un indice sempre a fianco aiuta sia te che la commissione. Puoi impostarlo in diversi modi, basta che ci siano i contenuti, poi segui l'ordine che ti sembra più naturale (es partire dal contesto, spiegare la valutazione prima della programmazione ecc.)

Potresti dare qualche consiglio a chi dovrà sostenere solo l'orale per il concorso straordinario bis? Non si avrà tempo per prepararsi una UDA, perchè l'estrazione della traccia avverrà sul momento
come affrontare lo straordinario è una bella incognita, se si estrae al momento di certo bisogna studiare molto di più la teoria senza le 24 ore, e sapere i contenuti didattici/metodologici che avresti messo nella presentazione, senza però creare una presentazione vera e propria, spiegando a voce come la imposteresti (ti auguro cmq di non essere la prima a passare e di poter capire meglio come si svolge realmente la prova)

Una domanda, come si è svolta la parte d'inglese?
Ne parlo dal minuto 45 circa del mio video "simulazione orale", cmq una sola domanda sull'importanza del CLIL (nel mio caso in doppia lingua straniera vista la collocazione territoriale). Mi ha lasciato parlare, ha fatto ancora una considerazione lei e in 2/3 minuti è finito. La mia commissaria tendenzialmente chiedeva una metodologia didattica tra quelle citate dal candidato. In un'altra sottocommissione so che veniva

preparato un foglio con qualche riga inerente l'argomento, che il candidato leggeva e commentava. Purtroppo ogni commissario può chiederti un po' quel che vuole... lo capirete meglio dopo i primi orali...

Il tema dell'UDA (in questo caso la Legge di Ohm) è scelta in maniera autonoma dal candidato, a seconda della sua preferenza, o deve coincidere con la traccia estratta il giorno prima dell'orale, quindi realizzando tutto in giornata?

Il tema della presentazione è quello estratto 24 ore prima, praticamente la seconda slide riporta esattamente ciò che c'era nel foglio estratto: argomento e indicazioni (in certe regioni inseriscono anche elementi del contesto es numero alunni, numero Bes ecc. che rendono più difficile preparare già una struttura avanzata prima delle 24 ore)

Ciao ma quindi lo svantaggio linguistico fa parte dei BES? Che ne pensi se nella mia UDA faccio l'esempio di una ragazza proveniente dall'Ucraina visto che c'è la guerra e quindi anche i profughi che vengono in Italia? Sarebbe utile secondo te??

Ciao, sì lo svantaggio linguistico fa parte dei bisogni educativi speciali, quelli cosiddetti "altri tipi di bes" e quindi senza una certificazione disabilità o DSA ma con svantaggio (nel tuo caso linguistico ma probabilmente anche sociale). Il PDP seppur non obbligatorio può essere redatto anche per loro

Ai fini della presentazione certo può essere un punto di forza e di attinenza con la realtà, magari se non tu in prima persona, chiedi a colleghi che vivono questa situazione per capire la realtà delle problematiche e del quotidiano in classe

Come posso partecipare all'orale di più classi di concorso? E se volessi decidere di partecipare solo a una di queste come fare?

Se vi siete iscritti a più CDC, l'ammissione per superamento scritto vale per tutte, e il voto di scritto è unico. Potrete partecipare a più orali, ci vorrà molta sfortuna di avere calendarizzati orali stessa data e stesso orario, anche perché tendenzialmente nella stessa regione non si sovrappongono orali di classi di concorso affini. Se proprio doveste avere questa sfortuna vi invitiamo a contattare i responsabili il prima possibile per vedere se si può trovare una soluzione. Se invece intendete partecipare solo a un orale, basterà semplicemente non presentarsi all'altro.

Printed by Amazon Italia Logistica S.r.l.
Torrazza Piemonte (TO), Italy

59262572R00067